femscript.ch

Leichtfüssig mit glatten Häuten

Drabbles

Dezember 2022, 1. Auflage, © Das Copyright liegt bei den Autorinnen, mit Ausnahme der Texte auf S. 46, 70, 79, 129 (wörterknistern, edition 8, 2020).

Herausgegeben von femscript.ch, Schreibtisch Bern.

Titel: Aus dem Text «So wie sie» (S. 146) von Susanne M. Neeracher-Frei

Redaktion, Korrektorat: Marlise Baur, Pia Berla, Regula Eckerle, Elisabeth Hostettler, Verena Külling, Susanne M. Neeracher-Frei, Adelheid Ohlig, Susanne Thomann, Ruth E. Weibel.

Umschlagbild und Illustrationen: © Rosa Weiss

Layout: Elisabeth Hostettler

Umschlaggestaltung: Pia Berla, Elisabeth Hostettler

ISBN 978-3-906014-62-3

femscript.ch

Leichtfüssig mit glatten Häuten
Drabbles

c.f. PORTMANN VERLAG

Vorwort

Ein Drabble hat eine Länge von exakt 100 Wörtern ohne Titel. Diese literarische Form aus der Zeit um 1980 entstammt vermutlich der Science Fiction-Szene Grossbritanniens. Sicher ist, dass die Birmingham University SF Society die «Drabbles» als Form offiziell anerkannte und etablierte. Die Bezeichnung «Drabble» geht auf einen Wettbewerb der britischen Komikertruppe Monty Python zurück. Um an neue Gags und Episoden zu kommen, veranstaltete die Truppe Wettbewerbe, bei denen sie interessierte Autoren innerhalb einer definierten Zeit zu einem vorgegebenen Thema eine Episode in 100 Wörtern schreiben liess. Der Gewinner wurde dann als Novel-Autor verpflichtet. Die Idee dahinter: Wenn ein Autor einen Inhalt in 100 Wörtern überzeugend darstellen kann, dann ist er fähig, für Monty Python Geschichten zu schreiben.

The purpose of the drabble is brevity, testing the author's ability to express interesting and meaningful ideas in a confined space.

Die Idee griff auf die im angelsächsischen Raum äusserst vitale und produktive Science Fiction-Filmbranche über. Vorab Produzenten von Serien liessen ihre Autoren Episoden in 100 Wörtern schreiben, wählten dann die überzeugenden Ideen und Autoren aus. Auch die Fans begannen mitzueifern und zu ihren Lieblingsfilmen oder Serien neue Geschichten zu erfinden, sogenannte Fan-Fiction. In der Fan-Fiction-Szene ist das Drabble nach wie vor eine höchst beliebte Form, sehr oft als pointierte Szenensammlung aus einem der Universen.

Ein Drabble zu schreiben, ist eine Herausforderung, der es sich zu stellen lohnt. Das Spezielle daran ist, das Ziel von 100 Wörtern zu erreichen und nicht zu überschreiten. Das mag auf den ersten Blick banal aussehen, hat aber versteckte Folgen: Jede Änderung ist eine Gratwanderung. Wird ein Wort hinzugefügt, muss ein anderes irgendwo im Text gestrichen werden. Die Beschränkung auf die 100 Wörter wirft handwerkliche Fragen auf, lässt zweifeln, suchen und animiert uns, nicht aufzugeben. Verdichtung wird zu einem unerwarteten Abenteuer.

Der femscript-Schreibtisch Bern hat die Herausforderung «Drabble» angenommen und die Form in alle möglichen inhaltlichen Richtungen weitergesponnen. Längst sind es nicht mehr handlungsgetriebene Episoden mit Pointe (was der ursprünglichen Anlage entsprechen würde), sondern festgehaltene Momente, Träume, Augenblicke, Beobachtungen, Gedanken.

femscript-Schreibtisch Bern

Inhalt

Vorwort 5
Inhalt 7
Jahr und Zeiten
    Jahres Zeiten Karussel 12
    Ach, Frühling 13
    Fata Alpina 14
    Frühjahrskur 15
    high noon 16
    Joran 17
    Abendspaziergang 18
    Alle Jahre wieder 19
    Lichterkette 20
    Strohsterne 21
    Schneegeräusche 22
    Schnee 23
    Schneefall 24
    Polarwinter 25
    Wandel 26
    Weihnacht die Dreizehnte 27
    Unterm Äquator (1-4) 28

Manchmal Alltag
    Frühstück Spezial 34
    Mäusebrot und Krähenbrot 35
    Sonnenaufgang 36
    Morgenstunde 37
    Im Tram 38
    Leben 39
    Wolkenstudium 40
    Werbung 41
    Übung 42
    D Gumihändsche 44
    D Bääbi 45
    Ds Fondue 46
    Einrichten 47
    Sammler und Jäger 48
    Geranien 49
    Die Zukunft ruft 50

Inhalt

Unterwegs in der Welt
- Sardinien 54
- Bordbistro 55
- Zugfahren 56
- In 80 Wörtern um die Welt 57
- Mittendrin (1-3) 58
- Reisefertig (1-3) 60

Tropfen und Fliessen
- Water unser 64
- Im Regen 65
- Die Ampel 66
- Regen und Ruhe 67
- Regen und Sonne 68
- Nachtweg 69
- Suure Räge 70
- Schnürlregen 71
- Das Haus an der Strasse (1-8) 72
- Trümmelbach 76

Schrecknisse
- Traumbild 78
- Ar Aare 79
- Erschrecken 80
- Aareschlucht 81
- Fliegende Taschen 82
- Oh nein! 83
- Après Concert 84
- Orientierungslos 85
- TRUMP-OLYMP-I-ADE! 86

Nette und andere Begegnungen
- Aurel 88
- Novemberabend (1-2) 89
- Verpasst 90
- Schuhe 91
- Lenas Tee im Stadtcafé 92
- Der Marroni-Mann 93
- Strassenkünstler 94

Inhalt

Fremd (1-2) 95
Im Altersheim (1-2) 96
Das Vöglein 97

Herzschmerz
Momente (1-6) 100
Liebeserklärungen (1-5) 103
Fro(h)ntal 106
Ampel auf Rot 107
Lebensfragen 108
Schweigen 109

Altholz
Fenster öffnen, Fenster schliessen 112
Grossvaters Engel (1-3) 112
Im Haus der Grosseltern (1-4) 114
Im Schlafzimmer der Grosseltern (1-9) 116

Echo der Stille
Stille 122
Kinderlos 123
Abendstille 124
Sonntag 125
Krankenhaus 126
Winterzauber 127
Zwei Wochen im Schweigen 128
Ghöörsch's? 129
Eine Handvoll 130

Ein Netz für Träume
Ein Horn (1-2) 132
Schutz der Engel (1-2) 134
Es ist etwas Seltsames 136
Sanduhr 137
Wortlos 138
Zwischen 139
Baustellen überall (1-4) 140
100 Wörter für die Katz 142
Morgenrot 143

Inhalt

    Wechseljahre (1-2) 144
    So wie sie 146
    aaah! däääh! dä magi gar nöd 147

Ewige Schreibgründe
    Hommage an Virginia Woolf (1-2) 150
    Hommage an Meret Oppenheim 152
    Gedichte 153
    Helden 154
    Wenn ein Zehner fällt 155
    Schreiben ist ... .156
    Drabble 157
    Instant-Troubles 158

Autorinnen
    Marlise Baur 160
    Pia Berla 160
    Regula Eckerle 161
    Elisabeth Hostettler 161
    Verena Külling 161
    Susanne M. Neeracher-Frei 162
    Adelheid Ohlig 162
    Susanne Thomann 162
    Ruth E. Weibel 163
    Rosa Weiss 163

Jahr und Zeiten

Jahr und Zeiten — Regula Eckerle

Herbst
tanzende Blätter
König der Farben
Kinder lassen Drachen steigen
die Ernte wird gemeinsam eingebracht
schöne reiche, fruchtbare Zeit
Nebel steigen auf
Kräfte schwinden
Herbst

Winter
erster Schnee
klirrend kalte Nächte
ein Kind wird geboren
Menschen halten sich gegenseitig warm
Lichter erhellen die Nacht
Ruhe kehrt ein
heisses Bad
Winter

Jahres
Zeiten
Karussel

Sommer
helles Licht
kräftig die Farben
stark die nährende Energie
Freude Lachen Spielen und Badeplausch
so lange sehnlichst erwartet
entschwindest schon wieder
lieber Sommer
Adieu

Frühling
zarte Knospen
hellgrün spriessen Blätter
locken neues Leben hervor
versprüht sich in farbiger Pracht
ein gern gesehener Gast
erste betörende Düfte
Hoffnung erwacht
Frühling

Ach, Frühling

Sie nimmt den letzten Schluck aus der Kaffeetasse, lehnt sich zurück. Wie schön, dieser gelbe Tulpenstrauss auf dem Glastisch! Jetzt werden die Tage wieder länger, ganze drei Minuten pro Tag. Sie steht auf, zieht die Jacke an und verlässt das Lokal. Ekelhaft, diese Kälte! Tief vergräbt sie ihr Gesicht im dicken braunen Wollschal. Da drüben, im Schaufenster der Kleiderboutique leuchtet ein Schneeglöckchenstrauss. Fünf Schritte macht sie auf das Schaufenster zu – einen zu viel. Auf einer vereisten Stelle rutscht sie aus und landet auf den Knien. Beim Aufrappeln wirft sie nochmals einen Blick auf die Schneeglöckchen: Natürlich sind sie nicht echt.

Fata Alpina

Die Berge strahlen weiss und rosa schimmernd im milden Föhn des Frühlings. Wolken wabern davor, beinah erscheinen sie wie durchsichtige Gardinen. Darin spiegeln sich die Gipfel, doch nicht als Eins zu Eins, sondern ähnlich gebrochen, wie wenn ich einen Arm ins Wasser tauche und der sich nicht in einer Linie fortsetzt, sondern leicht versetzt. Oder wie die Fische im Wasser nicht da sind, wo meine Augen sie vermuten, sondern ein bisschen weiter weg stumm doch grossmäulig zurückschauen. Das Naturschauspiel packt mich: fasziniert verfolgen meine Augen diese Fata Alpina, stelle ich mir doch so eine Fata Morgana in der Wüste vor.

Frühjahrskur

Ausflug in den Berner Bärengraben. Die Braunbären sind aus ihrem Winterschlaf erwacht, streifen durchs nasse Gras. Der Kleinste nähert sich einem Gatter, das einen Baum beschützt. Der gelb leuchtende Löwenzahn dahinter lockt ihn. Mit seinen Vorderpfoten scharrt er die Erde weg. Er gräbt, schaufelt, buddelt, baggert. Jetzt hat er die Wurzel freigelegt und reisst sie heraus. Er lässt sich auf seinem prächtigen Po nieder und befreit mit seinen Tatzen die Wurzel von der Erde. Dann fängt er an, sie abzuschlecken und anzuknabbern, hält sie dabei possierlich mit seinen Pfoten und führt sie andächtig zum Maul. Frühjahrskur: Löwenzahn soll leberwirksam sein.

high noon

Sonne und Wind, auf der Terrasse liegen und tagträumen, vom Wind erschreckt werden, von der Sonne liebkost, Tauben gurren vom Terrassengeländer. Fühlen sie sich gestört durch mich? Möchten wieder in die angrenzende Werkstatt fliegen? Ein Nest dort bauen?
Die Kuckucksuhr schlägt wie immer rasend schnell – zwölf Uhr Mittag – high noon – doch dazu müsste es wärmer sein, so heiss wie vergangene Woche. Erinnerung an Kindheitssommer. Voller Verlangen, schwitzen, sorglos. Eintauchen ins Wasser des Sees, im Schatten dösen, ein paar Sätze mit Freunden wechseln, auf den Bauch drehen, mit dem Tuch dem Schatten folgen, anderen Paaren beim Eincremen in praller Sonne zuschauen.

Joran

Zuerst riechst du ihn. Eine trockenwürzige Spur in der feuchten Schwüle des Sommertages. Noch ist der See glatt. Neoprenschuhe. Schwimmweste. Trapezgurt. Die Jolle gleitet ins Wasser. Am Jurafuss ein schwarzes Band. Es dehnt sich aus als giesse jemand Tinte in den Bielersee. Herbe Juraweidekräuterfrische fährt in die Segel, drückt ins Rigg. Das Schiff erschaudert, bevor es loszieht. Fock dicht. Hinaus ins Trapez. Bergwiesenluft zerhackt den sommerträgen Wasseralgenfischeduft, wühlt ihn unter die Welle, pflügt übermütig um. Du fliegst über schwarzes Wasser. Gischt sprüht am Bug. Wind presst in die Lunge. Du segelst am Limit. Der Jubelschrei zerfetzt zwischen Böe und Wasserstaub.

Abendspaziergang

Das Gewitter der vergangenen Nacht hat die Blumen zum Selberpflücken verwüstet. Viele liegen geknickt am Boden. Sie geht die Friedhofmauer entlang heimwärts, eine Sonnenblume in der Hand. Hinter ihr dunkelt es. Weit vorn am Horizont ist der Himmel noch hell, licht und hell wie ein Festsaal. Vergangene Feste kommen ihr in den Sinn. Träume haben sich zum Teil erfüllt, Hoffnungen sind zerschlagen worden. Die Sonnenblume in ihrer Hand ist nicht schön. Auf dem Markt hätte sie eine schönere auslesen können. Doch um diese Zeit ist der Markt geschlossen. Ihre Wohnung indessen wartet auf eine Blume, auf eine beschädigte Blume halt.

Jahr und Zeiten — Marlise Baur

Alle Jahre wieder

Ende Oktober werden Schaufenster und Warenhäuser mit farbigen Kugeln, Lichterketten und künstlichem Schnee geschmückt. Jetzt schon landen Kataloge mit Geschenkideen in den Briefkästen. Für die Kinder gibt es neue Spielsachen, eine ganze Erwachsenenwelt en miniature.
Mami, ich möchte ein ferngesteuertes Auto.
Ich eine Barbie-Puppe mit vielen Kleidern.
Ich ein Velo.
Ruhe, alles der Reihe nach. Zuerst kommt Sankt Niklaus, da müsst ihr ein Verslein lernen.
Wir wollen aber jetzt Weihnachten, wann ist Weihnachten?
Wenn ihr sechzigmal geschlafen habt.
Dann kommt doch der Osterhas.
Noch nicht, oder hat euer Sankt Niklaus vielleicht Hasenohren und der Osterhas im nächsten Frühling einen Bart?

Lichterkette

Zu kurz. Jedes Jahr muss er ein Stück dazukaufen. Der Baum wächst schnell.

Er fährt ins Gartencenter. Zuerst verschafft er sich immer einen Überblick, bevor er einen Entscheid fällt. Meist bleibt es bei der Verlängerung. Doch dieses Jahr zögert er. Hält einen filigranen Lichtstern in der Hand, Schnäppchenpreis, letztes Exemplar, inklusive Trafo. Er verzichtet. Kauft zwei Meter Verlängerung und fährt nach Hause.

Er klettert auf die Leiter und hängt die Lichterkette bis zur Baumspitze. Dieses Jahr ist er der Erste. Selbstgefällig blickt er auf Nachbars Grundstück. Nichts.

Am nächsten Morgen erschrickt er. Am Balkon des Nachbarhauses prangt ein filigraner Lichtstern.

Strohsterne

Es ist still. Nur der Regen prasselt auf das Dachfenster. Längst sollte es schneien. Dann wäre die Stille anders, stiller. Ich sitze am Tisch und bastle Strohsterne. Das ganze Haus ist voller Strohsterne. Sie hängen an den Fenstern, baumeln von den Lampen, zieren die Weihnachtskarten. Manchmal knarzt es, wenn ich den Bindfaden satt anziehe und verknote. Und die Schere klickt, wenn ich den Faden abschneide. Strohsterne sind federleicht. Sie tanzen in jedem Lufthauch. Sie erinnern mich an Schneeflocken, die leise fallen, sachte alles zudecken, die den Stadtlärm dämpfen und die Welt in Stille hüllen. Wenn es doch endlich schneien würde!

Schneegeräusche

Das Geräusch des Schnees unter den Schuhsohlen: knackend, knirschend und knisternd. Diese Laute höre ich, als ob es das erste Mal sei. Die Ohren erinnern sich. Jeden Winter freue ich mich neu. Kindheitserinnerungen zaubern ein Lächeln auf die Lippen. Lustvoll greife ich in den Schnee mit seiner frostigen Kruste und seinem weichen Inneren, forme einen Schneeball und werfe ihn in die Luft. Und wieder einen und noch einen, die Hände lieben diese sanfte Schmeichelei trotz der nassen Kälte. Wieder und wieder. Beim Herunterfallen rieselt der Schnee leise und leicht. Bald ist Lichtmess, die Tage werden spürbar länger. Erinnerungen weichen Zukunftsgedanken.

Schnee

Frisch und weiss wie damals, als Marili frühmorgens das Fenster öffnete, mit seiner kleinen Hand den Schnee auf dem Fenstersims betastete, mit der Zunge das seltsame Himmelsgeschenk schmeckte, das ins Zimmer, auf Gesicht und Nachthemdchen wirbelte, und jauchzend die vielen Flocken aufzufangen versuchte. Worauf die Mutter ins Zimmer kam, besorgt das Fenster schloss und Marili zurecht wies: «Du wirst dich erkälten». Es erkältete sich nicht, verfolgte hinter der Scheibe noch lange den Flockentanz, staunte, wie die Äste am Baum dicke Polster aufsetzten, das Schneeband auf dem Sims höher und höher wurde und das Nachbarhaus ganz und gar im Wirbeltanz verschwand.

Schneefall

Unaufhörlich
fällt der Schnee
von oben nach unten
sachte in steter Bewegung

Wie in einem Stummfilm
zu Beginn oder
ganz am Schluss
wenn Kratzer und Staubfäden
im Schnelltempo
als Striche
über die Leinwand flimmern
den Blick fesseln
und wieder loslassen

Ich lasse mich
vom Treiben
hypnotisieren
hefte mich
an eine einzelne Flocke,
bis sie aus dem Gesichtsfeld verschwindet
mich am Rand zurücklässt
mit springenden Augen
bevor mich der Sog
von Neuem erfasst
ein unablässiges Hin und her

Ich möchte mich fallen lassen
mit tausend anderen Schneeflocken
mich auflösen in der Masse
zudecken und
zugedeckt werden
in der weichen Stille ertrinken

Polarwinter

Anders ist das Licht, stumpf.
Anders ist die Zeit, lang.
Alles geht langsam, die Zeit, das Licht, der Übergang.
Der Morgen dämmert erst kurz vor Mittag.
Aus dem Zwielicht tauchen Farben auf,
tannengrün, steppengrasgelb, föhrenrindenbraun.
Durchs verschneite Dorf
streicht ein Suppenduft.
Langgezogen dehnt sich
das Morgenrot ins Abendrot.
Die Farben weichen dem Dunkel,
Bäume verschmelzen zu Wald.
Um zwei Uhr nachmittags ist es Abend.
Dann ist es lange Nacht.
Manchmal funkeln die Sterne
klar und hell.
Und manchmal
kann man die Polarlichter sehen,
ein stummes Schauspiel am hohen Himmel,
als ob jemand leuchtend grüne Schleier
durch die tiefschwarze Nacht zöge.

Wandel

Weihnacht ist, wenn blinkende Lichterketten
mit grellen Sternen
um Aufmerksamkeit buhlen,
wenn sich die Heilsarmee am kalten Spendentopf
die Hände reibt und fromme Lieder singt,
wenn in den Warenhäusern
Glaskugeln an Plastiktannenbäumen hängen
und aus den Lautsprechern
Rudolf das kleine Rentier plärrt.

Weihnachten war,
als die Winter noch weiss waren und die Nächte dunkel,
als neben Orion und Sirius
tausend andere Sterne am Himmel funkelten,
als Reisen beschwerlich war,
ein grüner Zweig gegen böse Geister half,
eine Suppe die Familie satt machte,
als Menschen in der Kälte zusammenrückten
und Zeit hatten, gemeinsam
zu träumen, sich zu wundern und zu fürchten.

Jahr und Zeiten — Verena Külling

Weihnacht die Dreizehnte

Viele Lämpchen erleuchten den Platz. Rechts steht ein mächtiger Weihnachtsbaum. Aus den offenen Fenstern dringt warmes Licht, Gelächter und Aneinanderklingen von Gläsern. Auf dem Platz steht ein Pärchen. «Willst du mich heiraten?» flüstert er. Eine Schneeflocke blinkt in ihrem Haar. «Ja», haucht sie an seiner Schulter. Er küsst sie sanft. Ein Kinderchor singt «Vom Himmel hoch». Am Pärchen vorbei stapft der Nikolaus und verschwindet im Nebengässchen.
«Aus und Schnitt» – die Stimme des Regisseurs: «Mehr Wärme, mehr Innigkeit, wenn ich bitten darf! 's ist Weihnachten und ihr seid verliebt, verdammt nochmal! Alles zurück auf die Plätze – Klappe – und Weihnacht die Vierzehnte!»

Unterm Äquator

Wann wird es Weihnachten?

Wenn es Tag für Tag wärmer wird.
Wenn, dezemberlang, an der Schule Prüfungen
aller Fächer mit Staatsjuroren stattfinden,
schriftlich und mündlich,
und Nerven blank liegen.
Wenn Mutter darauf besteht, dass wir Kinder
der unbekannten Grossmutter in Europa
einen Weihnachtsbrief auf Deutsch schreiben.
Wenn die Butter für das Weihnachtsgebäck
in der Rührschüssel zerfliesst.
Wenn Mutter wehmütiger wird und
Vater immer schweigsamer.
Wenn wir am 24. morgens in der Schule mitgeteilt bekommen,
dass wir das Schuljahr bestanden haben,
und wir danach drei Sommermonate ohne
Nachholunterricht verbringen.
Wenn Vater mit uns Kindern nachmittags das erste Mal im
Meer baden geht: «Hurra – endlich Ferien!»

Wann ist Weihnachten?

Wenn wir mit Sand zwischen Zehen und Haaren
nach Hause fahren.
Wenn im Haus nur noch geflüstert wird.
Wenn wir frisch geduscht am grossen Zederntisch
das feierliche Nachtessen geniessen.
Wenn Mutters Angespanntheit nachlässt.
Wenn das silberne Weihnachtsglöckchen
überraschend klingelt.
Wenn die Wohnzimmertürflügel aufgestossen werden
und der Weihnachtsbaum geschmückt im Kerzenlicht erstrahlt
wenn das Herz klopft.
Wenn in glücklicher Eintracht mit Hund und Katze alle
Weihnachtslieder aus Elterns Heimat gesungen werden.
Wenn sich Vater und Mutter über unsere gebastelten
Geschenke freuen.
Wenn wir die sehnlichst herbeigewünschten Geschenke
auspacken, mit ins Bett schleppen und mit ihnen
in den ersten Feriensommertag hinein schlafen.

Wann ist Weihnachten vorbei?

Wenn am nächsten Morgen die leeren Gläser
noch auf dem Wohnzimmertisch stehen.
Wenn die kleine Schwester augenreibend aus ihrem Schwips
blinzelnd erwacht; sie hatte am Weihnachtsabend selig vor
Weihnachtsglück im Vorbeitanzen um den Wohnzimmertisch
alle Kelche leergeschlürft, wonach sie zu guter Letzt mit ihren
blondhellen Härchen und veilchenblauen Augen engelgleich
aufs Sofa gesunken und an Mutter angelehnt im Nachthemdchen alsbald eingeschlafen war.
Wenn wir die Geschenkpapiere mit dem Glätteisen andächtig
wieder glattbügeln und die Seidenbänder dazu.
Wenn uns Mutter erst übers Jahr auf die Pirsch schicken wird,
mit dem verhassten Auftrag, von fremden Hecken
Zedernäste für den Adventskranz zu schneiden.

Jahr und Zeiten — Susanne M. Neeracher-Frei

Wann ist Weihnachten längst vorbei?

Wenn von Grossmutter, erst spät im Januar, ein Brief
in unleserlicher Kribbelschrift ankommt,
worin sie sich für unsere Briefe bedankt.
Wenn von der unbekannten Tante aus Europa
wieder Pakete aus eng gebundenen Schweizer-Illustrierten
eintreffen, worin sie geschickt Schokolade am Zoll vorbei
versteckt, oder auch einmal eine Bircherraffel.
Wenn vom geschmolzenen Schokoladesegen einzig
eine ranzige Fettspur in den Heften übriggeblieben ist
und wir uns vergebens die Lippen lecken.
Wenn die angeknacksten Weihnachtsbaumäste wieder repariert
sind, und die Tanne auf Mutters Kleiderschrank im Bungalow
liegt, wo die Sonne sie Jahr um Jahr ausbleicht.
Wenn wir wieder gewöhnliche, manchmal wurmstichige
peruanische *D'Onofrio*-Haselnussschokolade essen.

Manchmal Alltag

Frühstück Spezial

Frühmorgens in Amsterdam, noch ist es nicht hell. Bäume und hohe, schmalbrüstige Giebelhäuser spiegeln sich in der Gracht. Das Licht der Strassenlaternen wirkt gedämpft, als ob sie müde wären vom nächtlichen Scheinen. Ein Boot zuckelt unter der Bogenbrücke hervor. Das Fahrrad am Brückengeländer fröstelt in der kalten Morgenluft. Hinter einem Fenster brennt schon – brennt noch? – ein Licht.
Da hüpft auf dem Trottoir eine Möwe daher, bleibt vor einem Müllsack stehen, äugt nach links, äugt nach rechts, pickt dann gierig mit ihrem scharfen Schnabel mehrmals hinein in den Sack und zieht schliesslich etwas Braunes, Längliches heraus. Verschlingt's, ruckzuck, und fliegt davon.

Mäusebrot

Langsam fuhr ich nachts mit meinem Rad den steilen Weg hinauf entlang der hohen Gartenmauer. Bei der Hasel, die über die Mauer hing, gewahrte ich eine Maus, die aus einem Abflussrohr auf die Strasse huschte und in den nassen Blättern herum-schnüffelte. Ich hielt an, verharrte reglos. Die Maus ebenso. Arme Maus, habe ich dir dein Futter weggenommen? Wie oft war ich hier im Herbst vom Fahrrad gestiegen, hatte Nüsse vom Boden geklaubt und Tasche um Tasche gefüllt. Eine überaus reiche Ernte.
Von nun an will ich dir jeden Tag drei Nüsse unter das Abflussrohr legen und dich zum Abendbrot einladen.

Krähenbrot

Ich habe beschlossen, meine Haselnussernte mit der Maus zu teilen. Jeden Tag schaue ich neugierig, ob die Nüsse noch daliegen, die ich am Vorabend hingelegt habe. Meist sind sie weg. Zweimal habe ich schon Schalenreste mit Mäusezahnspuren gefunden. Ich frage mich, ob die Maus die Nüsse allein frisst, oder ob sie Gesellschaft hat. Wie viele Nüsse braucht eine Maus?
Heute Morgen erschrak ich. Eine Krähe pickte Nussreste vom Asphalt. Schlau sind die Krähen. Sie rollen die Haselnüsse auf die Strasse und warten, bis ein Auto darübergefahren ist. Abendbrot für die Maus? Frühstück für die Krähe? Oder reicht es für beide?

Sonnenaufgang

Gold und kupferfarben färbt das Sonnenlicht die Dächer der Stadt. Schaue ich aus dem Fenster, sehe ich die Sonne rötlich leuchtend und rund über den Bäumen des kleinen Parks aufgehen.
Ich trinke Tee und lausche den Geräuschen des nassen Morgens, warte auf das Blubbern aus dem kleinen Wasserboiler, damit ich mit dem heissen Wasser die Teekanne nachfüllen kann.
Der grüne Tee mit Honig mundet, draussen krächzt eine Krähe von Nachbars Balkon herüber, eine Amsel flötet im Rosenbusch. Das grauschwarze Eichhörnchen sucht nach seinen im Herbst versteckten Nüssen, linst neugierig herein.
Noch traumverloren strecke ich mich wohlig der aufgehenden Sonne entgegen.

Morgenstunde

Am frühen Morgen begegnen dir Hunde mit ihren jeweiligen Zweibeinern. Sie streben der Neckarinsel zu. Dort dürfen die Vierbeiner tollen, während Herrchen und Frauchen Neuigkeiten austauschen.
In den Strassen der Altstadt werden die Spuren der Kulturnacht beseitigt. Vor den Lokalen putzen Kellnerinnen müde die Tische blank und wischen die nassen Stühle ab. Kellner beschriften die Tafeln mit den Verlockungen der Jahreszeit: Spargel in vielerlei Variationen. Zum Nachtisch Erdbeeren: Erdbeereis, Erdbeersoufflee, Erdbeerkuchen, Erdbeertorte, Erdbeeren mit Sahne.
Die Wahllokale öffnen, die Kirchenglocken rufen zum Gottesdienst. Die Wahlhelfer stellen die Urnen auf. Der Pfarrer unterhält sich auf der Treppe mit den ersten Kirchgängern.

Im Tram

Ich fahre im Tram Richtung Wankdorf. Zwei jüngere Männer, dunkle Hautfarbe, schwarzes Kraushaar, sprechen miteinander, lachen. Blitzend weisse Zähne haben beide. Der Kleinere blättert in einem Buch. Ich beobachte ihn genauer. Es ist ein Arbeitsbuch für deutsche Sprache. Während er ins Buch schaut, bemerke ich, dass er sich bei einer Konjugationstabelle aufhält. Vermutlich möchte er so schnell wie möglich deutsch lernen. Der Grössere sitzt lässig daneben, schaut zum Fenster hinaus. Er hat kein Buch. Jetzt blickt der Kleinere auf. Er macht mir einen intelligenten Eindruck. Ob er sich bei uns wohl fühlt? Ich hoffe, dass er bald deutsch sprechen kann.

Leben

Sich vom Lächeln des Säuglings im Kinderwagen
anstecken lassen
Den Kindern am Spielplatz den Ball zurück kicken
Im Bus dem Geplapper der neugierigen Göre lauschen
und ihr zugrinsen
Der Schwangeren in der U-Bahn den Sitzplatz anbieten
Den asiatischen Touristen den Weg zum Hofbräuhaus weisen
Dem älteren Mann im Rollstuhl die Tür zur Bäckerei aufhalten
Mit dem Verkäufer der Strassenzeitung über mehr
als über das Wetter reden
Der alten Dame die volle Einkaufstasche
in den vierten Stock tragen
Vom Nachbarn Honig und eine zur Rose geformte
Bienenwachskerze bekommen
Dem Liebespaar vor dem *I love Munich*-Herz am Bauzaun
den Fotografierwunsch erfüllen
– Leben!

Wolkenstudium

In dem Moment, als ich aufblickte von der Teetasse und die wunderschön weich dahinschwebenden Wölkchen am Morgenhimmel sah, wurde mir warm und wohlig ums Herz. Ich wollte zum Stift greifen und die Empfindung gleich ins Tagebuch notieren, doch eh ich mich versah, lauschte ich den Nachrichten, blätterte in der Zeitung, warf die zwischen den Seiten herausfallende Reklame in den Papierkorb, verrührte den Honig in der Teetasse, bemerkte, dass die Milch zur Neige ging, überlegte, wann ich zum Einkaufen radeln könnte, schaute auf das Display des Handys, las den Morgengruss des Freunds, zog die Jacke an und war schon im Flur.

Werbung

Für mich ist nur das Beste gut genug.
Weil ich es mir nämlich wert bin.
Weil Sie es sich wert sind.
Weil wir es uns wert sind.
Verzichten wir auf gar nichts.
Nehmen uns alles, was wir wollen.
Bevor ein anderer es uns wegschnappt.
Wir denken an uns, an wen denn sonst?
Wir erfüllen uns jeden Wunsch.
Denn man gönnt sich ja sonst nichts.
Wir lieben die Rolex-Minute.
Auch wenn wir nicht Golf spielen.
Blöd sind wir auch nicht und
Geiz ist immer noch geil.
Mehr denn je: We are loving it!
Und es funktioniert.
Ich shoppe, also bin ich.

Übung

überanstrengt	überbieten	überflügeln
überfüllen	Überbleibsel	Überfluss
überarbeitet	überdreht	überragend
überbeansprucht	übergangen	überstellig
Übergewicht	überreden	Übermass
überbehütet	überstanden	überschiessen
Übermensch	überholen	überfahren
übergreifend	überlegen	überfordert
überquert	übereilt	überführt
Überforderung	Überdruss	übermächtig
übervoll	überlasten	übermüdet
übervorsichtig	überleben	übernächtigt
überhäufen	Übermacht	überschätzen
übersehen	übermenschlich	übernommen
überkommen	überragen	überprüfen
überschnappen	überzeugt	überrascht
überflüssig	überschwänglich	Überflieger
überschüssig	überbewertet	übersatt
Übernahme	überweisen	übermütig
überquellen	übertreten	überwinden

Übergabe
überglücklich
übergross
überspannt
überbieten
überschlafen
Überführung
überliefern
Überanstrengung
überfüllt

überschlagen
überbevölkert
überqualmen
überfressen
überdrüssig
Übergriff
Überzeit
übergeben
Überschuss
übertreiben

überstanden
übertragen
Überangebot
übertrieben
überrunden
überlisten
übertrumpfen
überfallen
übergehen
überblicken

Überschwang
über
übersiedeln
überwältigt
überziehen
übernehmen
übersättigt
Übertreibung
übertreffen
überlassen

D Gumihändsche

D Anaïse isch am Putze,
mit Gumihändsche, wüu si schütze;
churzum faasch aber drin aa schwitze
u Puderröuueli tüe di chutzle.

Wie chönntsch di däm itz äch erwehre?
Am beschte tuesch die Händsche chehre,
wäschisch ab das Pudergfotz;
momoou das geit, juhui, potz potz!

U ds Tröchne, wie gieng das am beschte?
Mit Wasser füuue chönnt me teschte,
dr Händsche meint, är söuui schprütze –
u d Anaïs schteit i re Pfütze …

Pflotschnass git ire das dr Räschte!
Hätt si doch dra dänkt scho vor em Teschte –
dä Händsche, nei, es gieng nid krasser,
mit Luft gfüut anschtatt mit em Wasser!

D Bääbi

D Anaïse söu ga häuffe,
dr Eschtrig ruume isch aagseit,
d Leitere uuf u abe louffe,
luege, dass o nüüt verheit.

D Arabelle übernimmt d Regie:
D Anaïs söu ire gäh di Sache,
ds Grosi Anna teilt si unge y,
söu ä Ghüdersack ufmache.

Da flüge Teddys ohni Ouge,
Fäderbäuueli ohni Fädere,
Läderhändsche, wo nümm touge,
das chame eifach so la tschädere.

Verwiudereti Playmobilteili,
verchätscheti Nuggis,
verpületi Ooschtereili,
u o süsch no auu dr Guggis.

Itz chunnt es schwarzhaarigs Bääbi dra,
drufabe grad es blonds – Ou neei,
rüeft d Anaïs, darf i die ha?
I hätt se schampar gärn dahei!

Ds Fondue*

Anaïse's grosse Bsuech, nüün Pärsone –
dr Tisch isch uszoge, d Schtüeu si drumum,
Täuuer, Tassli, Gleser, Serviette, d Rechauds,
d Kirschglesli füre «coup du milieu» u für ds Tünkle;
ja, 's isch auus da.

Dr Garderobeschtänder läär, d Gäschtefinke parat,
d Cacquelons ufem Herd, dr Wy ar Chüeli,
dr Thee ufem Schtööfchen u – klingeling –
Chömet ine, schön sit der da, chöit grad scho a Tisch,
dr Apero chunnt – äs Pröschtli zäme!

D Rechauds aazüntet,
d Fondues beidhändig im 8i grüert, aagrichtet –
rüere, rüere – ä Guete zäme!
Längi Gsichter – isch öppis nid rächt?
Hättsch äch no Gable u öppe chli Brot?

* Erschienen in wörterknistern, 2020, edition 8. Abdruck mit der freundlichen Genehmigung des Verlags.

Einrichten

Aus Kisten schwappt Mief: Papier, Bücher, Klamotten, Krimskrams und Kabel, denen das Gerät abhandengekommen ist. Die Wohnung neu, die Möbel aus der Zeit gefallen. Die Bewohnerin ordnet Altes zu neuer Frische. Erinnerungsstücke im Schlepptau des Umzugs werden geprüft und doch noch weggeworfen, wenn als Glumpert identifiziert: Nachschlagewerke, verwaschene Socken, Röcke aus der Blumenzeit, zu enge Faltenjupes, ausgefranste Jeansshorts. Die Wohnung wird mit Girlanden und Kunst aufgepeppt und ein grosses Aquarell hinter Glas an der Decke über dem Bett aufgehängt. Wochen später erwacht die Bewohnerin in stockdunkler Nacht. Ein komisches Geräusch. Sie setzt sich auf. Von der Decke fällt das Bild.

Sammler und Jäger

Ich sammle, du sammelst, wir sammeln: Kindheitserinnerungen, alte Schulhefte, Pantoffeln, Seifen, Nägel, trockene Rosen, Teebeutel, Gewürzmischungen, Notizzettel. Wir lagern alte Klamotten, Babykleider, Schnuller und frühkindliche Kunstwerke. Die Schränke sind voll, die Zimmer verlieren an Raum. Estrich und Keller sind bumsvoll. Wir stapeln Zeitungsausschnitte. Wir erweitern unsere Bibliothek mit Brocki-Büchern und Sprengsätzen. Wir sammeln Abfall, diesen hingegen entsorgen wir. Wenn wir zügeln, sortieren wir zögerlich aus. Das Sammelgut wird verpackt, die Triage auf später verschoben. Dazu kommt es aber nie. Jemand anderes wird einmal entscheiden müssen: wegschmeissen, weitergeben oder in die eigene Sammlung aufnehmen. Achtung, den Krimskrams mit Sprengkraft nicht entschärfen!

Geranien

Auf dem Balkon hat sich eine Blumenfamilie eingestellt: Geranien in verschiedenen Rottönen, von rosa bis karminrot blühen sie, spiegeln sich im Fenster des gegenüberliegenden Gebäudes, leuchten mir ins Wohnzimmer. Sie haben den Winter im Treppenhaus verbracht, während draussen der Schnee fiel. Jeden Frühling frage ich mich, ob die Geranien im Sommer erneut blühen werden. Sie tun es immer wieder, schon seit mehr als zehn Jahren. Freilich vergesse ich nicht, sie auch im Winter zu giessen. – Es gibt sicher interessantere Pflanzen als Geranien, aber aus den alten Wurzeln immer wieder neue Stängel, Blätter und Blüten hervorzuzaubern, das vermögen nicht alle Pflanzen.

Die Zukunft ruft

Frischer Wind
neuer Wind
plötzlich
aus dem Nichts
von Null auf Hundert
ohne Skala

Vor Wochen
hat er sich
aus dem Staub gemacht
der Staub blieb liegen
Abgase, dicke Luft
Lungenstechen

Frischer Wind, endlich
bläst quirlig
ziellos und freudig
in alle Ecken hinein
über Schranken
durch Ritzen und unter Hecken hindurch
Abgestandenes wird rumgewirbelt
wie zum Spiel
zuerst
dann fort damit
weit weggeblasen

Frischer Wind, neue Energie
ich spürs
hisse meine Segel
los gehts nun in wildem Tempo
durchfurche das Wasser
steuere die Fahrt
es spritzt die Gischt

die Zukunft ruft
die Aschen bröseln
der Wind zerbläst den alten Haufen

Unterwegs in der Welt

Unterwegs in der Welt Marlise Baur

Sardinien

Ferien, wie schön! – Die Morgensonne wirft Strahlen durch das kleine Fenster. Der Vorhang wird sanft bewegt vom Wind. Schatten von Blättern und Zweigen tanzen darauf. Monika liegt schon eine Weile wach. Sie hört die Vögel zwitschern, den Hund bellen. Das Zimmer des Bungalows ist winzig, nur einen halben Meter Freiraum gibt es neben dem Bett. Auf dem Stuhl liegen die Ferienkleider, Shorts und ein T-Shirt. Daneben auf einem schmalen Bücherbrett Reiseführer, Fotoapparat und Sonnenbrille. Sie lauscht dem Rauschen der Meereswellen, die mal stärker, mal schwächer an den Strand branden. Sonst ist es still. Morgendlich still. Das Wetter traumhaft, ein Ferienparadies.

Bordbistro

Ein Polizist in Uniform liest Paulo Coelho. Ein junger Mann bestellt eine Cola. Der freundliche Bistroschaffner erklärt ihm, wie ungesund das sei, ob er lieber eine Bionade möchte, worauf dieser skeptisch das neue Getränk probiert. Sein Freund schaut glücklich drein mit seinem alkoholfreien Bier. Er verbreitet gute Laune, prostet uns allen zu, die wir dichtgedrängt das Bordbistro bevölkern, denn der Zug ist rappelvoll. Zumindest in der 2. Klasse sind alle Sitzplätze in allen Waggons belegt, in den Gängen stehen Kinderwägen und Koffer. Wohl die übliche Menschendichte an Wochenenden in einem Zug von Südwesten nach Nordosten. So vergnügt kann Reisen sein.

Zugfahren

Den Bahnhof-Vorstand mit roter Dächlikappe gibt es nicht mehr. Niemand hebt mehr die Kelle zum Zeichen für die Abfahrt. Heute ist alles automatisiert oder computergesteuert. Über den Perron scheppern Rollenkoffer, in überfüllten Zügen fehlen freie Sitzplätze. Die Reisenden hängen am Smartphone. Kinder vergnügen sich mit Gameboys. Noch gibt es den Zugbegleiter, der freundlich «Billette vorweisen» und «Danke» sagt. Manchmal hält der Zug mitten auf offenem Feld, fährt nicht weiter. Die Reisenden werden unruhig. Dann wird durch den Lautsprecher gemeldet: Wegen einer technischen Störung kann der Zug nicht weiterfahren. Hightech, nun gut. An solchen Tagen kommen wir nicht schneller ans Ziel.

Unterwegs in der Welt　　　　　　　　　Elisabeth Hostettler

In 80 Wörtern um die Welt
(mit Epilog in 20 Wörtern)

Per Mausklick eine Route wählen:
Bern, Luxemburg, Brüssel, Paris,
London, Dublin, Reykjavik, Ottawa,
Washington, Havanna, San Salvador,
Guatemala, Tokyo, Seoul, Peking,
Taipei, Hongkong, Hà Noi, Phnom Penh,
Bangkok, Naypyidaw, Thimphu, Kathmandu,
New Delhi, Islamabad, Kabul, Teheran,
Tiflis, Ankara, Sofia, Belgrad,
Budapest, Bratislava, Wien, Vaduz,
von Hauptstadt zu Hauptstadt
rund um die Welt.

Oder ostwärts
von Bern nach Brno,
Bacău, Bender, Budennovskaya,
Baykadam, Buxoro, Bandipora, Bhimdatta,
Birendranagar, Baoshan, Banff, Bemidji,
Bakki, Berck, Binche, Bour,
Bad Bergzabern zurück nach Bern.

Im Rhythmus vorwärts,
immer weiter,
durch Krieg und Frieden,
Wüsten und Wälder,
bergauf, bergab,
übers weite Meer –
am Bildschirm
mausbeinallein.

Mittendrin

Morgenstund

Mittendrin. Wie immer um diese Zeit, sitzt ein Mann in Fahrtrichtung im Viererabteil des Postautos. Zwischen seinen Beinen ein sehr grosser Hund. Eine Frau hat sich vis-à-vis auf die Aussenkante gegen den Gang hin angeklebt. Im Bus stehen viele Leute, zwei könnten sich noch setzen, wenn der Hund kleiner wäre, der Mann nicht ab und an den Kopf des Tieres mit einer Hand festhalten und ihn auf den Fang, auf den Behang, auf die Augen küssen würde und wenn der Hund nicht mit Schütteln und bewegten Whurrlauten darauf reagieren müsste. Frage an Frühmorgen-Buspendler: Wo hört für Sie der Spass auf?

Pendeln

Die Pendler im Postauto fragen sich noch ganz anderes. Mann und Hund sitzen immer im Viererabteil. Heute jodelt der Hund, gestern hat er einer Frau die Handtasche entwendet, diese wollte das versabberte Ding nicht mehr zurück. Ein Gstürm war das. Vorgestern hat er einen roten Kinderballon zerbissen. Der Knall erschreckte den Hund so sehr, dass er durch das Postauto jagte mit dem Mann an der Leine hintendrein. Der Buschauffeur hat beide beim Brambielimoos rausgeschmissen. Morgen wird der Hund Bethlis Lieblingshuhn attackieren. Bethli nimmt das seidig weiche Huhn überall hin mit. Sie braucht die kuschelige Wärme, um den Tag zu überstehen.

Österlich

Ich bin mittendrin. Ein Bild von der letzten Italienreise. Hochglanz zeigt trübes Wetter, Regen und Schnee, Flocken vor grauen Mauern. Es sind nur drei Regenschirme und ein Hund auf der Gasse unterwegs. Licht aus der Pastelleria reflektiert goldigrosa auf den nassen Pflastersteinen. Im Laden drängen sich offene Mäntel zwischen grün und gelb und weiss gesprenkelten Kartonschachteln mit Colombe, mit Torte di nocciola, mit riesigen Schokoladeneiern, und überall fliegen bunte Vogelfedern. Erinnern an feuchte Kälte, an lustlose Fassaden, an geschlossene Fenster und reduzierte Öffnungszeiten. Die Museen machten die Türen nicht auf für die wenigen Touristen. Goldiges hat nur das Foto gespeichert.

Reisefertig

Der Pinsel

Der Pinsel im Marmeladenglas steht schräg, die Borsten gegen Hannah gerichtet. Sie wollte noch ihr Reisetagebuch farbig grundieren. So wird das nichts. Es ist Anfang März und sie ist immer noch nicht reisefertig. Draussen ist es kalt, der Nordwind hat die Landschaft fest im Griff. Der Frühling wartet in den Knospen. In den Bergen Skiwetter, Pulverschnee, die Bergbahnen sind immer noch in Betrieb. Man könnte meinen, das Klima habe eine Kehrtwendung gemacht. Warmer Winter und kalter Frühling. Aus Absicht bleibt nur Wunschtraum übrig. Wenn sie bleibt, weil in der Wohnung fremde Menschen herein- und hinausspazieren, wird aus der Reise nichts.

Besucher

Wenn Hannah bleibt, weil eine alte Frau sich eingenistet hat im Wohnzimmer und behauptet, das alles gehöre ihr, wird aus der Reise nichts. Hannah sollte einfach weggehen. Das mit der Seniorin und den ungebetenen Besuchern wird sich regeln, wenn sie alles abschliesst – ausser das Wohnzimmer, die Küche und das Bad. Hannah kann die Betagte nicht vor die Türe stellen bei dieser Kälte. Warum Hannah die Küche nicht abschliessen will, ist ihr nicht klar. Vielleicht, weil jeder ab und an etwas Warmes braucht, eine Mahlzeit, einen Tee. Andererseits würde die Greisin ohne Küche hungern und ausziehen, die Besucher ohne Verpflegung ausbleiben.

Morgen

Morgen früh wird Hannah trainieren, wird im Garten Kreise drehen, über den Kiesweg auf die Strasse laufen, links abbiegen, dreihundert Meter weiter rechts in den Wald marschieren, über den Hügel auf die andere Seite in die Ebene hinunterlaufen, immer der Nase nach. Hannah wird dem Asphalt ausweichen, vielleicht in einem Dorf einen Kaffee trinken, dann weitergehen, bis sie auf den Fluss trifft. Hannah wird dem Wasserlauf folgen. Hungrig wird sie sein, wenn sie ohne zu essen bis zum Abend wandert, den Bus nimmt und nochmals heimkehrt. Heim in ihr Heim, das von einer alten Frau in Beschlag genommen worden ist.

Tropfen und Fliessen

Water unser

Water unser, das Du bist im Himmel und auf Erden,
geheiligt sei dein Kreislauf,
Dein Wille geschehe
in Wasserwelten und Erdenbeben,
in Luft-, Lava- und Gletscherströmen
Bitte gib uns unser täglich Trinkwasser
und vergib uns unsere Umweltschulden,
wie auch wir vergeben unseren Sündern,
und führe uns aus der Masslosigkeit
und der Idee des unbegrenzten Wachstums,
und der Hybris, uns über die Naturgesetze erheben zu wollen,
und erlöse uns von den giftigen Ausstössen
und dem Raubbau an unseren Regenwäldern,
und bewahre uns vor grassierendem Egoismus,
denn Dein ist die Kraft so zu herrschen,
dass das Gleichgewicht gewahrt sei
in Ewigkeit.
Amen.

Im Regen

Seit dem frühen Morgen regnet es. Ich warte mit zusammengefaltetem Schirm auf den Bus. Ein kleiner Knabe in Gummistiefeln rennt durch die Pfützen. Er stampft darin herum. Es spritzt nach allen Seiten. Komm jetzt, sagt die Mama, als der Bus anhält. Der Knabe verlässt die Pfützen nur widerwillig. Beinahe entwischt er der energischen Hand der Mama, die ihn in den Bus zerrt. Im Stehen aneinander gedrängt fahren sie in die Innenstadt, während die Regentropfen über die Fenster-scheiben kullern und der graue Himmel sich nicht aufhellen will. Der kleine Knabe hat, so scheint mir, die Gunst der Stunde zu nutzen gewusst.

Die Ampel

Dunkle Nacht. Es regnet, nein, es giesst. «Kannst du nicht schneller gehen?» fragt er.
«Aber sicher», antwortet sie und zieht ihre Sandaletten aus. Sie eilen die Strasse hinunter und bleiben an einer Ampel stehen.
«Dort drüben ist unser Hotel», sagt sie und will losrennen.
«Es ist rot», sagt er und reisst sie zurück.
«Ist doch egal», lacht sie.
«Was ist egal?» Er schlingt seine Arme um ihren Körper und presst sie fest an sich. Ein vorbeifahrendes Taxi besprizt sie mit einem Schwall Wasser. Er küsst ihr nasses Gesicht: «Schau, jetzt ist's grün.» Lachend rennen die beiden auf den Hoteleingang zu.

Regen und Ruhe

Regenruhe am Werktagmorgen. Hinausgeschaut. Müd geworden. Noch einmal geschaut: fasziniert von den langsam fallenden Tropfen. Augen geschlossen – das Strömen des Wassers gehört. Dieses Rieseln, ein dünnes Rinnen aus feinen Tropfen, erinnert an einen träge dahinplätschernden Bach im Sommer. Die Augen wieder öffnen und sehen, wie das Wasser die Fensterscheibe hinunter läuft und eine Art Vorhang bildet. Denken: ich müsste mal wieder die Fenster putzen. Schlieren und Punkte, Ausscheidungen der Insekten, Blattspuren des die Hauswand hochkletternden Weins. Schnell wieder müd geworden. Den orangenen Vorhang vorgezogen und woanders hingeguckt. Den Vorhang weggeschoben, das Fenster geöffnet, die frische Luft eingesaugt und munter geworden.

Regen und Sonne

Im Hörsaal. Dem Nachklang der Klavierimprovisation lauschen. Eine Fülle an Schwingungen im Raum. Wir sitzen. Wir hören zu. Wir tuscheln. Meine Ohren schrecken vor den schreienden Rednern zurück. Kein Entkommen.
In der Pause schnell hinaus: Es hat geregnet, es ist frisch geworden. Nase und Lungen sind entzückt, die Augen schweifen ins Himmelsblau, folgen den Wolkengebilden, die plötzlich die Sonne freigeben. Die Ohren geniessen die Stille im nahegelegenen Park. Nur eifrige Bienen, Wespen und Hummeln summen und lassen sich auf den bunten Wiesenblumen nieder. Ab und an weht ein zarter Windhauch, fächelt die Haut. Zwei Hunde wälzen sich bellend im Gras.

Nachtweg

Aus dem Regionalzug steige ich am kleinen Bahnhof aus und werde von leise purzelnden Regentropfen empfangen, die sanft mein Gesicht benetzen, das dunkel daliegende Gras beträpfeln und den geteerten Weg glänzend schwarz färben. Still die Nacht, ruhig das Quartier. Nachhause kommen um Mitternacht. Den Postkasten leeren, die Zeitung überfliegen, die Mails herunterladen, Wasser erhitzen, um vor dem Schlafengehen einen Tee zu trinken. Alle anderen Hausbewohner sind zum Wochenende ausgeflogen. Ich vermisse vertraute Geräusche. Keine Toilettenspülung, kein Türenschlagen, kein Treppenhausgetrappel. Nur der letzte Bus, der die scharfe Kurve bergauf nimmt, durchbricht mit dem Herunterschalten in den ersten Gang die ungewohnte Stille.

Suure Räge*

Hütt gan i uf Basu ä Fründin ga bsueche.
Das isch fasch e chliini Wäutreis für mi.

's isch Summer, i lege mi reisemässig aa,
es Tiischi, 's Paar Tschiins u Sandaale
u packe, für eifach z sy,
en afrikanische Längrock y.

Mir trinke ne Tee, mir quatsche
u fröijen üüs über ds Widerseh.

Da plötzlech riisigi Tropfe am Fänschter.
Ä Dusche im Räge wäär ds Zäni.
Loos loos, us de Chleider – aber blutt chasch ja niid,
i ds Afrikanische gschtürzt u zur Tür uus.

Aber o weh, dä Räge isch suur u macht chrank,
dr Basler Chemie sei Dank.

* Erschienen in wörterknistern, 2020, edition 8. Abdruck mit der freundlichen Genehmigung des Verlags.

Schnürlregen

Regentropfen kullern am Metallgeländer der Terrasse hinunter auf die Steinplatten. Heute brauche ich nicht zu giessen. Während ich in der Küche die Zeitung lese, hat es angefangen zu regnen: stetig und leise fallen die Tropfen. Schnürlregen sagt man in Salzburg. Ein Windstoss knallt die geöffnete Terrassentür zu. Da erinnere ich mich an mein Bettzeug, das ich draussen lüften wollte. Das Duvet ist feucht! Ich stelle die Heizung an, lege mein Federbett darauf und hoffe, es trocknet in Bälde. Frisch und kalt ist es. Feuchte Kühle hat die Hitze der Junitage abgelöst – die legendäre Schafskälte markiert den längsten Tag des Jahres.

Das Haus an der Strasse

Regen im Oktober
Im Erdgeschoss brennt Licht. Ein schwaches Glimmen, von der Strasse aus kaum sichtbar. Nebel hat sich um das Haus gelegt, schmiegt sich ins Gemäuer, umfängt den Schornstein und breitet sich aus auf den feuchtroten Ziegeln des Daches. Feines Nieseln setzt sich nässend nieder, heftet sich an den Baum im Vorgarten, an den Efeu, der die alte Fassade einnimmt. In der Traufe des Daches sammelt sich das Nass, ein dünnes Rinnsal, nur zögerlich unterwegs im Kännel, aufgehalten von alten Blättern. Es sickert in das Abflussrohr, eine schmale Wasserspur träufelt in das steinerne Bord. Leises Murmeln in der Feuchte des dämmrigen Tages.

Regen im März
Es regnet. Das Haus ist dunkel. Nur im Fenster im Erdgeschoss schimmert ein Licht. Im Vorgarten der Baum. Wasser klopft auf die Blätter, rinnt und tropft, ein Rauschen und Rieseln. In der Traufe des Daches sammelt sich das Nass zu einem Rinnsal, zieht zügig durch den Kupferkännel, nimmt den Weg ins Ablaufrohr. Ein Sog. Gurgelndes Wenden und Drehen durch die Enge der Röhre. Ein Schwall ergiesst sich am Ausgang über dem Boden, quillt in die Steine, eilt davon. Wasserperlen an der Scheibe des Fensters. Im Efeu der Fassade ein Wispern und Flüstern von Wasser und Himmel und Sickern und Quellen.

Tropfen und Fliessen — Susanne Thomann

Regen im August
Erste schwere Tropfen schlagen auf das heisse Ziegeldach. Eine plötzliche Böe greift in die Krone des Baumes im Vorgarten, reisst Blätter mit, zerrt an den Zweigen, drückt Äste nieder. Ein Flirren, Fauchen und Rauschen. Jäher Regenguss peitscht in den Baum, prügelt Wasser nieder, prasselt eine Wand von Nässe an das Haus, vermischt mit ersten Hagelkörner, die in den Efeu der Fassade schlagen und ans Fenster im Erdgeschoss trommeln, hinter dem ein Licht brennt. Donner grummeln. Blitze irrlichtern. Über dampfende Ziegelreihen hüpfen mit hellem Rieseln Hagelkörner in den Kupferkännel. Bleiben liegen. Füllen die Rinne mit Eis. Wind faucht um den Schornstein.

Das Labor I
Ein Blitz zischt nieder, flackert grell ins Gemäuer. Donnerschlag durchsplittert die Luft. Sie riecht ionisiert und nach Erde, Staub und Nässe. Regentropfen springen auf den Steinplatten im Vorgarten, an deren Rand sich Hagelkörner und zerrissenes Blattwerk sammeln. Unter dem Vordach eine schwere Eichentür. Der Eingang dämmrig. Steinboden. Alte Holztreppe. Geruch nach Naphthalin und Bohnerwachs. Ein Garderobenständer aus Messing, daran ein grober Gehrock, blauer Schal, ein Hut, schwarzer Schirm. Am Ende des Korridors schimmert ein Lichtstreifen. Sie ist nur angelehnt, eine einfache Holztür, sie knarrt, wenn man sie aufstösst. Warme stickige Luft. Das Zischen eines Bunsenbrenners. Ammoniak sticht in die Nase.

Tropfen und Fliessen Susanne Thomann

Das Labor II

Destillat tropft aus einem Glaskühlrohr in ein Becherglas. Der Mann sitzt am Mikroskop, das Leinenhemd offen, breite Hosenträger, das dunkle Haar kraus. Das Laborbuch liegt neben ihm auf dem Holztisch. Er macht Notizen im Widerschein der Gaslampe, die, gerichtet mit einem gebogenen Blech, den Objektträger im Mikroskop beleuchtet. Im Gestell an der Wand ein Schädel, die Knochen einer menschlichen Hand, Gläser mit Gewebeteilen in Formaldehyd. Glyzerin, Paraffin, Borax, Alaun. Säuren. Laugen. Öle. Eine Flasche mit Salzlösung. Becher, Zylinder, Kolben. Muffen und Klammern. Das leere Sezierbecken. Die Dose mit dem Schlifffett. Eine kleine handbetriebene Zentrifuge. Es ist der 7. August 1893.

Das Labor III

Der Mann hebt den Kopf. Das Geräusch im Destillieraufbau hat sich verändert. Das Wasser im Kolben ist verdunstet. Er steht auf, hölzerner Drehhocker, geht die paar Schritte zum Ende des Tisches und dreht den Gashahn des Bunsenbrenners zu. Das Zischen verstummt. Er legt die Hand an das Glas, fühlt die Temperatur des Destillats. Er greift nach der Flasche, die bereit steht, füllt das destillierte Wasser ein, verstöpselt sie und stellt sie neben die Salzlösung. Es ist heiss und feucht. Er geht zum Fenster, öffnet es. Kühle Luft strömt in den Raum. Draussen der Regen. Blitze flackern. In der Ferne Donnergemurmel.

Tropfen und Fliessen   Susanne Thomann

Der Arzt
Der Mann horcht hinaus in die Nacht. In das Rauschen des
Regens hat sich das Raspeln von Rädern gemischt. Hufschlag.
Hoo! Das Schnauben eines Pferdes. Rossgeschirr. Eilige Schritte
durch den Vorgarten. Doktor! Jemand hämmert gegen die
Haustür. Doktor! Der Mann schliesst das Fenster, löscht die
Gaslampe. Er verlässt den Raum zügig, nimmt die Weste
mit, die im Korridor auf der Truhe liegt, öffnet die Eichentür.
Dunkle Gestalt in tropfnassem Mantel, zerzauster Bart, unter
dem Filzhut unruhige Augen. Kutschunfall. Schnell, Doktor!
Der Arzt nickt. Die lederne Tasche steht bereit wie immer.
Gehrock, Schal, Hut, Schirm. Die Tür fällt schwer ins Schloss.

Nach dem Gewitter
Zwei Männer eilen durch den Vorgarten zur Droschke, die
draussen vor dem Gartentor steht. Das Pferd scharrt unruhig,
kaut auf der Trense. Metallfedern knarren im Gestell des Wagens
unter dem Gewicht der aufsteigenden Männer. Regen trommelt
auf das Verdeck. Hü! Das Pferd schnaubt, legt sich in die
Riemen, fällt in Trab. Hufgeklapper entfernt sich, zusammen
mit dem Feilen und Schaben der Räder auf regennassen
Pflastersteinen. Der Baum im Vorgarten trieft und tropft.
Wasser gluckert durch den Kupferkännel. Im Efeu der Fassade
flüstern Tropfen Geschichten vom Wasser. An den Rändern der
Steinplatten schimmern Flecke angesammelter Hagelkörner.
Zerhacktes Blattwerk hie und dort.

Trümmelbach

Sprühregen von Gletscherwasser. Eisig peitschende Gischt nimmt dir den Atem. Die Wucht des Wassers donnert dir in den Leib. Rhythmisches Schlagen und Grollen, Fauchen und Brausen erschüttert die dämmrige Höhle, schlägt zurück von Felsenwänden, widerhallt in gnadenloser Kraft am feuchten Stein. Unbeschreiblicher Lärm des reissenden, stiebenden, wirbelnden Baches, der sich durch enge Schlünde drängt, durch glatt gefegte Felsenbecken stürmt und mit ungeheuerlichem Sog zum Abgrund schiesst, seine berstende Energie tobend an die Felsen schmettert, Tropfen, Steinchen, Kälte um sich schleudernd. Ungebändigt tief im Berg dieses dröhnend wilde Chaos. Und hinter dem Tosen, Klopfen und Jagen das ungestüme Lachen der Schöpfung.

Schrecknisse

Schrecknisse Elisabeth Hostettler

Traumbild

Abgestochenes Erdreich,
an den Seiten hängen Wurzeln,
klafft angeschnittenes Gangwerk.
Eine Grube? Ein Graben? Ein Grab?
Neben dem Loch häuft sich der Aushub,
lose Erdklumpen.

Drei dunkelpelzige Tiere drängen sich aneinander,
blicken aus ihren Knopfaugen empor.
Ich könnte sie totschlagen mit der Schaufel,
wie der Bauer die Mäusebrut erschlug,
damals im Herbst bei der Kartoffelernte.
Die Tiere kauern dicht beisammen
in der aufgeworfenen Erde,
keine Anstalten zur Flucht, kein Auseinanderstieben.

Unschlüssig lasse ich von der Schaufel
lose Erde auf sie hinab rieseln,
gebe mir Zeit und ihnen Schutz,
sonst erschlägt sie ein anderer, bevor ich
sie vielleicht hätte aufheben wollen.

Schrecknisse — Ruth E. Weibel

Ar Aare*

D Romi un i si am Uooke,
dr Fluss isch nid wyt,
si guet drin mit dr Zyt,
mache ne Pouse zum Rouke.

Da ghööre mer e grosse Klatsch –
Hiufegschrei …
Mer träijen is um – heijeijei!
Ä Chinderwage isch im Wasser – rrratsch,

am änere Ufer tribt är elei
i de riissende Fluete – gly isch är nümm z'gseh,
mer gumpe uuf u dänke: Herrjeh,
isch i däm Wage nes Ching? Bhüet'is neei!!

U tatsächlech – d Antwort uf üsi Frag:
Är heig das Ching grettet us gfährlecher Gischt,
mit eme Schprung i d Aare, dä jung Polizischt;
är isch dr Heud vom Tag!

* Erschienen in wörterknistern, 2020, edition 8. Abdruck mit der freundlichen Genehmigung des Verlags.

Erschrecken

Nach Hause, nach Hause, so pocht das Herz, so hallen die Schritte. Im Traum geht sie der Aare entlang. Sie trägt den Wochenendkoffer, denkt an Vater und Mutter, die sie zum Essen erwarten. Der Weg erscheint ihr lang, die Aare fliesst fremd und kalt. Plötzlich wird ihr bang. – Ist der Vater überhaupt noch daheim? Hat die Mutter sich von der Krankheit erholt? Und wenn sie das Haus nicht mehr fände? – Sie erwacht und weiss es wieder: Vater und Mutter sind gestorben. In der Wohnung leben fremde Leute. Ihr geträumtes Daheim gibt es nicht mehr. Wo wird sie das Wochenende verbringen?

Schrecknisse — Elisabeth Hostettler

Aareschlucht

Das Wasser gurgelt, tost und braust. Eng stehen die Felsen zusammen, wie riesige Gesichter, die sich küssen wollen. Weit oben scheint die Sonne durch zarte Buchenblätter. Unten ist die Welt dunkel, kalt und laut. Mitgerissen von den Wassermassen rumpeln Steinbrocken auf dem Grund. Zwischen den hohen Wänden der Schlucht schiesst ein Kanu durch das milchgrüne Gletscherwasser.
Einst, sagt man, wurde eines vom Sog erfasst, verschwand unter einer Felsnase, dort wo ein Teil des Wassers in den Berg hineinfliesst. Der unterirdische Flussarm reicht tief in den Berg hinein. Kein Mensch weiss, wohin das Wasser versickert. Der Kanufahrer blieb vom Berg verschluckt.

Schrecknisse Susanne M. Neeracher-Frei

Fliegende Taschen

Zwei Taube schmeissen ihre Taschen auf die Tische
Erschrecken rundherum,
es kracht, die Stühle wackeln
Kräftig kreisen sie die Wörter rundherum im Mund
lebendig' Gestikulieren
Nichts offenbart sich hörendem Ohr

Hinter der Glaswand in der Bar erscheint
währenddes die runde Putzfrau
den Ladenteppich mit zierlich Fuss zusammenrollt
wischt und moppt sie kräftig Böden Glanz

Indes die Tauben in den Taschen wühlen
werfen einander Zeichen zu,
markante unverständliche Gebärden,
Zungen rausgestreckt,
die Mienen mimen Sinn,
lautlos lachen,
hauen ihre Fäuste auf Tische nieder,
Kaffeespritzer!
Rundherum Zusammenzucken
die beiden haben keine Ahnung
wie das im Ohre dröhnt und donnert
zirpt und schnalzt

Schrecknisse　　　　　　　　　　　　Verena Külling

Oh nein!

Zwei Mädchen sitzen im Café und machen sich hungrig über ihre Selleriebrötchen her. Ein Schnitt, das Messer rutscht und katapultiert ein Brötchenstück durch die Luft. Es landet auf dem Sitz des dunkelroten Kunstledersessels nebenan. Da liegt es nun, garniert mit einer grossen roten Kirsche. «Oh nein», ruft eines der Mädchen, das andere fängt an zu kichern. In diesem Augenblick betritt ein älterer, schwarzgekleideter Herr das Café, zieht Mantel und Hut aus und wirft beides achtlos auf den Sessel. Die Mädchen schauen sich erschrocken an. «Oh nein», stöhnt das eine. Das andere greift erneut nach der Gabel: «Egal, ich habe Hunger!»

Après Concert

Gar nicht so einfach, der Abendsonne entgegenzugehen, ihre Strahlen blenden wie Scheinwerfer. Sie schliesst kurz die Augen. Ich muss aufpassen, denkt sie, drei Gläser Sekt waren wohl eines zu viel. Da ist auch schon wieder diese Melodie – in ihrem Kopf spielt ein ganzes Sinfonieorchester. Herrlich, dieser Sommerabend, die Wärme, das Licht, die Musik! Mit halbgeschlossenen Augen geht sie die Strasse entlang und stolpert beinahe über zwei ausgestreckte Beine. Bei einem Hauseingang sitzt ein junger Mann, den Kopf an die Hausmauer gelehnt, neben ihm ein Plastiksack, zwischen seinen Beinen eine Lache Erbrochenes.
Verstummt die Melodie, weg die Sonnenstrahlen, vorbei das Hochgefühl.

Schrecknisse Elisabeth Hostettler

Orientierungslos
(für Erika)

Das Tram
wie ein warmer
Fischbauch. Novemberfeuchte
steigt aus den Mänteln und beschlägt die
Scheiben. Feierabend. Ich döse vor mich hin
und lasse den hektischen Tag weg gleiten. Das
Tram fährt eine scharfe Kurve. Ich wische mit dem
Ärmel das Fenster blank und schaue nach draussen,
um zu sehen, wo wir sind. Es ist dunkel. Eine fremde
Strasse. Ein noch nie gesehenes Haus. Schreck
durchfährt mich. Panik steigt auf. Dann
erkenne ich die nächste Häuserzeile,
halte mich fest an den vertrauten
Ahornbäumen.
Heftig
pocht
mein
Herz,
bis die
Angst
verebbt.
Ich lehne
mich zurück. Ich
weiss wieder, wo ich bin.

Schrecknisse   Susanne M. Neeracher-Frei

TRUMP-OLYMP-I-ADE!

Trampoloten
Trampitaris
Trampoguven
Trampikanten
Trampolasten
Trampoulateris
Tramposytos
Trampufeten
Trampoolos
Trampiletten
Tramposaten
Trampöten
Trampokraten
Trampiken
Tramposaken
Trampüten
Tramploditen
Trampellen
Trampofaxer
Trampokoken
Tramposen
Trampororen
Trampleen
Trampenaken
Trampaulesen
Trampalleten
Trampokone
Trampauten
Trampadonnen
Tramperiten
Trampendaten
Trampekoten
Trampesiten
Trampususen

Tramporanten
Trampilüten
Tramporello
Tramposusti
Trampogrüten
Trampiaten
Trampurantis
Trampakteen
Trampekaten
Trampoklöten
Trampefatten
Trampisoten
Trampökorten
Trampifirzis
Trampoiken
Trampozoten
Trampourger
Trampauliten
Trampolarden
Tramposomen
Trampefaden
Trampetarden
Trampoköter
Trampisarden
Trampokoxsiter
Trampeuten
Trampolymphe
Trampseder
Trampamten
Trampinoide
Trampeseten
Trampuretten

Trampuleten
Trampokokteten
Trampukuksen
Trampuseren
Trampudüfen
Trampifusel
Trampulaten
Trampusoren
Trampulexen
Trampügritten
Trampuriten
Trampuflosen
Trampusanten
Trampegraten
Trampinen
Trampobuden
Trampöken
Trampesofat
Trampisten
Trampören
Trampiggsen
Trampasören
Tramprummen
Tramplüster
Trampamuten
Trampofoden
Trampörseten
Trampaöken
Trampiruden
Trampoxen
Trampisen
Trampofuttern
Tramplausuten
Tramplott

Nette und andere Begegnungen

Aurel

Nur ein paar Prospekte im Briefkasten. Was für ein dunkelgrauer, kalter Wintermorgen! Sie flieht zurück ins warme Treppenhaus. Sieben Uhr früh – welcher Idiot hat das Buch geschrieben «Morgens um Sieben ist die Welt noch in Ordnung»? Sie greift nach dem Wäschekorb und schleppt ihn die Stufen hoch. Schwindel, Herzklopfen, zittrige Knie. Sie hält sich am Treppengeländer fest. «Geht's dir gut?», flüstert eine zarte Stimme über ihr. Auf dem oberen Treppenabsatz steht der vierjährige Aurel im Pyjama. Er beugt sich vor, seine hellbraunen Augen mustern sie besorgt. Sie antwortet: «Jaja, alles gut» und steigt mit neuer Kraft die restlichen Stufen hoch.

Nette und andere Begegnungen — Verena Külling

Novemberabend I

Die Haustüre fällt ins Schloss. Bedrückt bleibt sie stehen und schaut zu den erleuchteten Fenstern der Arztpraxis hinauf. Langsam geht sie durch die Gassen, vorbei an Läden, die schliessen, an Marktständen, die abgebrochen, und an Waren, die zusammengepackt und eingeladen werden. Einige Nachzügler bummeln über den fast schon leeren Platz, der Boden ist mit Konfetti bestreut. Die zuvor ausgelassene Stimmung wirkt gedämpft. Irgendwo sieht sie noch ein paar Kerzen brennen, irgendwo hört sie noch jemanden lachen. Vorbei ist das Fest.
Die Worte des Arztes klingen in ihr nach: «Wir müssen im Hinterkopf behalten, dass es möglicherweise ein Tumor sein könnte.»

Novemberabend II

Sie knallt die Türe zu und rennt die Treppe hinunter. Draussen bleibt sie stehen. Ich habe Schluss gemacht, denkt sie. Ich hab's geschafft! Sie läuft durch die Gassen, vorbei an Läden, die schliessen, an Marktständen, die abgebrochen, und an Waren, die zusammengepackt und eingeladen werden. Einige Nachzügler bummeln über den fast schon leeren Platz, der Boden ist mit Konfetti bestreut. Es ist vorbei. Irgendwo sieht sie ein paar Kerzen brennen, irgendwo hört sie Menschen lachen. Unschlüssig bleibt sie stehen. Was jetzt? Die Worte ihres Freundes klingen in ihr nach: «Das wirst du später noch bereuen.» Langsam beginnt es zu schneien.

Verpasst

Grossmutters Wiegemesser zerkleinert Rosmarin. Es knirscht, das Brettchen wackelt. Holz auf Chromstahl. Caroline kontrolliert die Grösse der Gewürzschnipsel, zugleich schaut sie der Katze beim Fressen zu. Unerwartet hüpft das Schneidegerät von der Küchenkombination auf ihren Fuss. Saumässig weh tut der Schnitt. Blut. Caroline schreit. Ismael kommt ihr zu Hilfe. Er organisiert den Transport zum Arzt und wieder nach Hause. Er stützt sie beim Gehen, er kocht das Essen fertig. Am Abend kann sie die kirchliche Informationsveranstaltung zum Asylwesen nicht besuchen. So bleibt die Versuchung, einen weiteren Migranten aufzunehmen, ausgeklammert, und ihr Mann muss nicht ausflippen oder mit einer SVP-Mitgliedschaft drohen.

Schuhe

Ramona kommt mit einer Schuhschachtel nach Hause. Hat sie sich Schuhe für den Tanzabend gekauft? Die Mutter erinnert sich. Sie war damals siebzehn, ein Ball stand bevor. Die Burschen trugen Anzüge und Krawatten, die Mädchen Taft- und Tüllkleider. Schwarze Lackschuhe waren ein Muss. Ramona hat keine Lackschuhe, sie hat Turnschuhe gekauft. Alle Teenies tragen Turnschuhe heute, weil sie praktisch sind und bequem. Später überlegt sich Ramona, welche Schuhe sie am Tanzabend anziehen soll, Sandalen oder Ballerinas? Ein paar Kameradinnen werden Highheels tragen. Ramona hat kein Geld mehr, um Highheels zu kaufen. Vielleicht könnte sie im Estrich noch Mamas Lackschuhe anprobieren …

Lenas Tee im Stadtcafé

Links:
Vater, Bebé, schweigen
Mutter, Bebé Brust, schweigen
Schwesterchen, schweigen
Teilhaben an Familientischgesprächen
Vaters Schweigen zu Mutters Schweigen
Lächelfrei Familienglück

Rechts:
Die Schlanke;
schwarze Mähne, lange Beine, Sonnenbrille
in schwarzen hohen Stiefeln, hautengen Jeans
Kleinkind;
grosser Haarschopf
Sie säuselt ununterbrochen britisch
mit zierlich dünner Stimme
auf den Knaben ein

Lena: Oder ist er ein Mädchen?

Kind murrt und quengelt
verzieht Gesicht
speit Bioberliner aus
Sie «excuse-me Sir»
zwingt Ärmchen in marineblaues Jackett
roter Pelzschoner über Öhrchen
Kind vorwurfsvoll «Mmaaa...m»
Sie, silberleopardverpackt, schnaubt
Kind im Möbelprunkstückwagen fort

Doch kein Au-pair-Girl

Lena will hier raus
Sie hält es nicht mehr aus

Der Marroni-Mann

Im Winter lebte am Rande der Stadt einsam ein Mann in einer Bretterhütte mit Wellblechdach. Am Abend sass er manchmal auf einem schiefen Stuhl und schaute auf die Kohlköpfe in seinem Garten. Mittags fuhr er mit dem Marroni-Karren auf den Markt. Er schürte die Glut, wendete die Kastanien, verpackte sie in Tüten und bot sie zum Kauf an. Abends kehrte er zur Hütte zurück. Niemand wusste, wie lange er schon am Stadtrand lebte. Im Sommer war die Hütte mit einem Vorhängeschloss verriegelt. Der Mann war wochenlang nicht zu sehen. Erst mit den ersten Nebelschwaden im Herbst tauchte er wieder auf.

Strassenkünstler

Der Jongleur an der Marktgasse steht auf einem Mauervorsprung unter der Arkade. Er trägt eine schwarze Hose, ein schwarzes Jackett, ein rotweiss gestreiftes Shirt und einen Zylinder. Sein Gesicht ist wie dasjenige eines Clowns weiss geschminkt. Er jongliert mit sechs Bällen. Mütter, Väter und Kinder bleiben stehen, schauen zu und bewundern seine Künste. Nun zieht er dünne, blaue Ballonschläuche aus der Tasche, pumpt sie auf, dreht, knüpft und formt einen Hund, eine Giraffe, einen Schwan, eine Blume, ganz nach Wunsch der Kinder. Einige werfen Münzen in die Kartonschachtel. Wieviel Geld bis am Abend wohl zusammenkommt? Und was macht er damit?

Nette und andere Begegnungen Pia Berla

Fremd I

Dieses Stück Land gehört mir, sagt Grossvater.
Er steht auf der Leiter und liest Stangenbohnen ab.
Heuer sind die Pflanzen aber gäbig id Höchi gschosse, sagt Grossmutter.
Grossvater schaut von seinem erhöhten Standort in die Weite.
Diese Landschaft stinkt nach Geld.
Ja, ja, wir verkaufen unsere Seelen, antwortet Grossmutter.
Beim Nachbarn klafft ein Loch. Abgebrochen das alte Haus.
Wertlos, was einst Teil des Dorfbildes, der Identität war.
Glasbetonschnitte gegen Riegbau.
Da chame nüt mache, oder doch? Rückwärtsschlaufenlaufen mit Kuhglockengebimmel, Güllenextrakt und da ist noch Jöggu, der wildeste der Geisterhorde. Er wird dem Fremden das Gruseln beibringen, vielleicht den Garaus machen.

Fremd II

Das Kabel liegt unter dem Tisch, die Füsse auch, nur dass sie sich nicht ruhig verhalten. Sie schleifen über den Holzboden, sie markieren ihr Territorium. Dem Gegenüber verpassen sie manchmal einen saftigen Tritt. Kein Ort für Kinder, die noch problemlos unter dem Tisch durchlaufen könnten. Kampfzone bei den Mahlzeiten. Der Hund liegt auch unter dem Tisch. Er wartet und schnappt Fallengelassenes. Das Kabel verbindet oben und unten, drinnen und draussen, oft legt es Schlaufen. Die Flüchtlingsmisere wird diskutiert, sie geht ans Herz. Die Tischrunde ist solidarisch, offen und hilfsbereit. Fremde liegen keine unter dem Tisch. Sie werden gar nicht eingelassen.

Im Altersheim I

Es ist immer wieder enttäuschend, wenn sie an mir vorübergeht. Sie kennt mich nicht. Jedes Mal, wenn ich das Heim betrete, bin ich neu für sie. «Hallo Frau Bredow», rufe ich ihr zu, und sie folgt mir zögernd hinüber in die Veranda. Dort sitzen ein paar ältere Damen an einem Tisch und singen «Es Burebüebli», gefolgt von «Ramseiers». Sie sitzt still neben mir, sie kennt keines dieser Lieder. Bis jemand «Die Gedanken sind frei» anstimmt. Jetzt ist der Bann gebrochen, Frau Bredow singt mit sanfter melodischer Stimme. Sie kennt sämtliche Strophen und fängt immer wieder von vorne an: «Die Gedanken …»

Im Altersheim II

Ein grosser, länglicher Raum. An den weiss gedeckten Tischen sitzen die Heimbewohner beim Abendessen. Eine gepflegte, schlanke Frau, die blonden Haare tadellos zu einem Pagenkopf frisiert, sitzt unbeweglich da. Neben ihr sitzt ein Mann und löffelt ihr vorsichtig Suppe ein. Wenn sie sich verschluckt, hustet sie stossweise und gequält. «Sie ist schon seit langem gelähmt», erklärt die Pflegerin, «sie kann auch nicht mehr sprechen, ihr Mann besucht sie jeden Nachmittag und fährt sie im Rollstuhl spazieren.»
Das Einlöffeln ist beendet. Der Mann erhebt sich, küsst seine Frau und verlässt langsam den Raum. Unter der Türe winkt er ihr nochmals zu.

Das Vöglein

Er ist traurig, weil er nicht weiss, wen er anrufen soll. Die Jungen arbeiten, die Freunde sind gestorben, er sitzt vor der leeren Kaffeetasse. Gestern im Zug hat er sich wohl gefühlt, als er heimfuhr von der Stadt. Er hatte etwas gekauft, ein Vöglein – wo bleibt es nur? Auf den Sims hat er es gelegt. Er nimmt das Tierchen aus Porzellan, füllt es mit Wasser, setzt es an die Lippen, bläst hinein. Nun zwitschert es in seiner Wohnung. Es zwitschert so lange wie er bläst. Er bläst am Morgen, am Mittag, am Abend. Jetzt hat er wirklich einen Vogel.

Herzschmerz

Momente

Bahnhof

Wir stehen am Bahnhof. Wir stehen uns gegenüber und schauen uns an. Mach's gut, sagst du. Ich hätte dich gerne umarmt, aber du stehst da, starr und verloren, die Hände in den Manteltaschen. Ein Bollwerk. Die Zeit läuft uns davon. Ich muss zum Zug, nehme meinen Koffer. Da greifst du nach mir: Warte! Deine Finger umklammern den Ärmelaufschlag meiner Jacke, direkt an meiner Hand. Vielleicht hast du sie ergreifen wollen und es dann doch nicht getan. Pass auf dich auf, sagst du. Ich nicke, reisse mich los, eile zum Zug, Tränen in den Augen. Ich drehe mich nicht mehr um.

Nächtliche Stadt

Wir schlendern durch die nächtliche Stadt. Es regnet nur noch leicht. Die Luft ist satt von kühler Feuchte. Wasserglänzend schwarze Strassen, die den Widerschein der Lichter spiegeln. Das helle Rauschen der Autos auf nassem Asphalt. Schwatzende Jugendliche vor einem Kino. Aus einem Restaurant der Geruch nach würzigem Essen. Wir gehen eng zusammen und schweigend. Es gibt nichts zu sagen zwischen uns. Da sind nur zwei deiner Finger, verhängt in meine. Ganz leicht nur. Wir halten uns nicht fest. Unsere Handflächen berühren sich nicht. Nur die äussersten beiden Finger liegen locker ineinander, als sei es nichts weiter als ein flüchtiger Zufall.

Schlüssel

Die Wohnungstür ist nicht abgeschlossen. Doch du bist nicht mehr hier. Deine Jacke ist weg, deine Schuhe stehen nicht mehr in der Garderobe. In der Küche das Geschirr, aus dem du gegessen hast, die angebrochene Weinflasche. Brösel auf dem Esstisch und das Glas, das du hast stehen lassen. Du hast geduscht. Das Bad ist noch feucht und es riecht nach meinem Duschgel, mit dem du dich gewaschen hast. Du hast mein Duschtuch benutzt, es ist nass. Mein Bett ist zerwühlt. Du hast darin geschlafen. Es riecht nach dir. Ich verkrieche mich in die Decken. Du hast den Schlüssel behalten. Immerhin.

Der Brief

Ich streife durch deinen Brief wie durch einen fremden Garten, streiche die Wörter entlang, ertaste den Rhythmus der Sätze, koste den Geschmack der Formulierungen. Ich suche zwischen deinen Wörtern und Sätzen nach dem, was mich schmerzt. Ein verstecktes Delta, das an der Rückseite der Buchstaben zu kleben scheint, sich in die Wortzwischenräume verkriecht. Vielleicht ist es die Schrift, der Duktus des L, wenn du das Wort Liebe schreibst, diese weit ausholende Oberlänge. Oder die Ligatur des ck im Wort Schicksal, dessen l sich ohne Unterbrechung mit dem nachfolgenden Komma verbindet, kräftig und tief in die Unterlängen hinab. So quälend final.

Verbrennen

Das Morgenlicht lässt die verstreuten Papiere auf dem Wohnzimmerboden schimmern. Chaos um mich herum. Abbild meines Herzens. Einige der Briefbögen liegen im Kamin. Hätte Feuer gebrannt, wären sie Asche. Ich habe darum gerungen in der Nacht, habe erwogen, Feuer zu machen und alles zu verbrennen. All die Briefe. Buchstaben. Wörter. Sätze. Lügen. Ich wollte auch mein Herz verbrennen. Zusehen, wie die Flammen hineingreifen, wie es kocht, dampft, in zischenden Blasen den Schmerz ausscheidet, leer wird, schwarz wird, schrumpft, verkohlt und zerfällt. Die Asche zusammenkehren. Die Stadt verlassen. Neu anfangen.
Aber ich habe kein Feuer gemacht. Und ich bin nicht gegangen.

Alphütte

Das Fenster weit offen. Kühle sauerstoffreiche Bergsommernacht. Geruch nach moosiger Feuchte und Fels. Du wühlst im Schlafsack neben mir. Die ungewohnte Höhe. Harte Matratze. Beunruhigende Nähe. Tiefschwarz die Nacht. In einem traumverlorenen Moment die Berührung an meinem Mund. Fremder Atem. Fingerspitzen, Lippen, Zunge. Das plötzliche Bewusstsein dessen, was hier geschieht. Hitzeschlag durch den ganzen Körper. Und das Wissen, dass es zu spät ist, dass der Fluss nur eine Richtung kennt und nichts ihn aufhalten wird. Griff in dichtes Haar. Keuchen im Gesicht. Das Fleisch des anderen Körpers.
Du nimmst deinen Rucksack und verlässt die Hütte in den frühsten Morgenstunden. Wortlos.

Liebeserklärungen

Frühstücks-Ei

Du wirst mich fragen, wie ich mein Frühstücks-Ei haben will und ich werde sagen: vier Minuten. Du fragst mich seit achtundzwanzig Jahren. Es waren immer vier Minuten. Eine Geste des Respekts, sagt du. Auch wenn die Wahrscheinlichkeit klein sei, es könne trotzdem sein, eines Tages. Etwas könne sich geändert haben, etwas Winziges nur, das mit dem Frühstücks-Ei nicht ersichtlich zusammenhänge, weit zurückliege vielleicht, das diese Wahrscheinlichkeit aber kippen könne, unerwartet, plötzlich, eine Welle der Entropie, die das Ei erfasst, wie der Flügelschlag des Schmetterlings, der eine Katastrophe auslöst am anderen Ende der Welt. Jede Ordnung, sagt du, ist hochgradig instabil.

Heinz Maier-Leibniz

Beim Frühstück diskutieren wir darüber, ob das Ei zu weich ist oder zu hart, und wie die Masse des Eis bei der Berechnung der Kochzeit berücksichtigt werden muss. Und bei der Diskussion thermodynamischer Prozesse sprechen wir über Heinz Maier-Leibniz und seine Versuche mit dem Ei. Dass er es fertiggebracht hat, ein Ei so zu kochen, dass der Dotter hart wurde, das Eiweiss aber flüssig blieb, und dass er das alles beschrieben hat in seinem Kochbuch, das seit Jahren vergriffen ist. Und ich wundere mich, dass es mich nicht langweilt, dass wir seit achtundzwanzig Jahren beim Frühstück über das Ei sprechen.

Flughund

Ich habe dir einen Flughund gekauft. Ein Spielzeug aus schwarzem Gummi, im Papiliorama in Kerzers, spontaner Anfall kindlichen Übermuts. Ich habe ihn dir an deine Schreibtischlampe gehängt, ihm ein Zettelchen auf den Rücken geklebt, pink, ein Post-it mit einem Herzchen für dich. Ich habe an dich gedacht, als ich ihn sah, den echten Flughund, wie er an seinem Ast hing, kopfüber, die ledrigen Flügel eng um sich geschlungen, der Welt abgewandt, friedlich schlafendes Paket. Ich habe daran gedacht, wie du sagtest, du würdest einen Flughund haben wollen, weil es lustig sein müsse, mit ihm an der Leine Gassi zu gehen.

Schlafen

«Ich gehe schlafen», sagst du. Und du gehst in dein Zimmer, setzt dich an deinen PC und spielst. Spielst Spiele, die nichts anderes tun als deine Finger und Augen beschäftigen, deine schnelle Reaktion abfragen. Du sitzt stundenlag. Deine Tür ist offen, immer, Tag und Nacht. Ich sehe das flackernde Licht des Bildschirms. Du brauchst diese Beschäftigung der rechten Hirnhälfte, Farben, Formen, Klänge, Impulse. Reaktion ohne nachzudenken, schnell und intuitiv. Dein analytisch-logisches Denken ist erschöpft von den Aufgaben des Tages. Du zerstreust es. Ich weiss, dass es nicht ganz richtig, aber dennoch keine Lüge ist, wenn du sagst: «Ich gehe schlafen».

Warten
Es ist fast Mitternacht. Du hast gekocht. Der Tisch ist gedeckt. Weingläser. Du hast für mich mein Lieblingsessen gekocht und auf mich gewartet. Du weisst nicht, dass ich bereits gegessen habe, dass ich satt bin. Du umarmst mich und freust dich, dass ich heimkomme. Wir setzen uns an den Tisch, trinken Wein, ich esse ein bisschen. Du fragst mich, wie es war und ich erzähle. Du bist so müde, dass du am Tisch beinahe einschläfst, jetzt, wo du dich entspannst. Ich schicke dich ins Bett, räume ab, wasche das Geschirr, bringe die Küche in Ordnung. Manchmal braucht Liebe viel Liebe.

Fro(h)ntal

ich lege mich
ins Bett
unter die Daunen
ich lege mich
aufs Fell
nicht auf Dich
Du bist davongeschlichen
zeilenfrei

hinterlassen
hatte ich mich
nicht vorgesehen

ich lege mich
aufs Dinkelkissen
schnüffle an Lavendelrispen
röchle Tränen
in mich hinein
Frostwintermohn

ich lege mich
übermorgen ins Feld
wenn der Mohn blüht
nur für mich
keine weisse Träne
klebrig an geritzter Kapsel
wird mich trösten

ich lege mich
auf meine Leber
verschmiertes Herz
in winzigblutige
Läppchen geborsten

im Liebestaumel
Sturmwarnung
überhört

Schmetterlingsflügelzittern ...
warum nur
legte ich mich auf Dich?

Du raubender Schuft
hast mich geentert
treibholzgleich kreise ich
auf hoher See
geflutet

Ampel auf rot

Fussgänger wie Sand am Meer. Noch haben die Autofahrer grün. Endlich kann er die Strasse überqueren. Er schaut auf und sieht seine Ex im Gewusel, sie kommt von der gegenüberliegenden Seite. Sie nicken sich zu, gehen aneinander vorbei. Er sollte die Gelegenheit nutzen, ihr den Vorschlag machen, den er seit Monaten herumwälzt. Er dreht sich rasch um, will zurück auf die andere Strassenseite und sieht, wie sie ihm zuwinkt. Er ist zu langsam. Rot. Er sollte endlich handeln. Als er die Hand hebt, um anzudeuten, dass sie warten soll, ist sie verschwunden. Er wird sie nicht mehr finden im Gedränge.

Lebensfragen

Wie hat er nur vergessen können,
dass er mit mir hat alt werden wollen?
Dass er es war, der mir vom Glück schwärmte,
ein Kind am Finger laufen zu lehren?
Was würde er antworten heute, wenn ich ihn fragte,
ob er glücklich sei?

Ich bin alt geworden, nicht mit ihm.
Längst hat das Kind laufen gelernt.
Heute bin ich Mitbesitzerin eines Schlosses,
schlafe dort im Turmzimmer,
arbeite im Rebberg,
schreibe ein Buch,
so, wie ich es mir damals erträumt habe.
Immer noch trage ich mehrere Fingerringe,
aber keinen Ehering.
Ich würde ja sagen, fragte er mich,
ob ich glücklich sei.

Schweigen

Seit jenem Mittwochabend,
da wir im Stadtpark nebeneinander
auf einer Bank sassen
und du nach kurzem Schweigen
zu reden anfingst,
seit jenem Abend,
vor über dreissig Jahren,
wünsche ich mir, wie damals,
dass dieses Schweigen
ein Moment der Stille gewesen sei:
einträchtig, friedlich, kraftvoll.
Und dass dieser Augenblick der Stille
länger gedauert hätte,
viel länger.
Bis heute weiss ich nicht und rätsle,
ob du den Moment
der Stille überhört,
oder ob du das Schweigen
nicht ausgehalten
und es deshalb zerschnitten hast
mit deinen Worten.
Vielleicht konntest du der Stille keinen Platz geben,
weil sie dir weh tat
in deinem Herz.

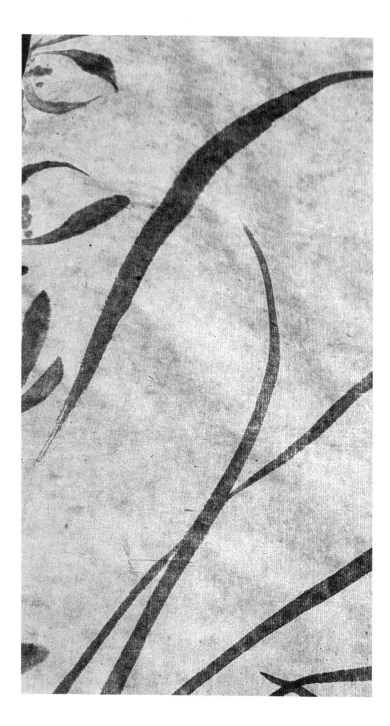

Altholz

Fenster öffnen, Fenster schliessen

Öffne die Fenster, ich krieg keine Luft. Grossmutter greift sich an den Hals. Grossvater grummelt, er öffnet ein Fenster.
Gülle, Hühnermist, Spritzmittel, diese Gerüche vertrag ich nicht. Er schliesst das Fenster.
Ich brauche den Vogelsang, den Wind, die Geräusche der Äste, den Farbenhauch von Büschen und Blumen und ihr Reinschwappen ins Zimmer, sagt Grossmutter.
Grossvater öffnet das Fenster. Er geht in seine Bude, da kann er das Draussen draussen lassen. Die Bauern, die Traktoren, das ginge ja noch, aber die Pendler, die Jugendlichen mit frisierten Töfflis und röhrenden Ghettoblastern, die Rasenmäher, die Grillparties und die jodelnden Hunde. Schlimmer als Schwindsucht.

Grossvaters Engel I

Das Stuhlbein steht vor. Grossvater ist darüber gestolpert. Er hat mit der linken Hand in die Luft gegriffen, um einen unsichtbaren Rettungsanker zu erhaschen. Mit der rechten hat er versucht, den Aufprall seines Körpers aufzufangen. Als ihn Grossmutter findet, schaut er verwundert auf das lichtvolle Gesicht, das sich über ihn beugt, und packt zu, denn Paradiesisches ist rar und flüchtig. Grossmutter lacht überrascht und versucht abzuschätzen, wie schwer Grossvater verletzt ist. Sein Gesicht ist lädiert, aus der Nase rinnt Blut, die Augen sind leicht verdreht, sonst scheint alles in Ordnung zu sein, ausser, dass Grossvater sie anhimmelt und Engel nennt.

Grossvaters Engel II

Es schneit. Die Backofenuhr zeigt 00Punkt00. Stromunterbruch irgendwann in der Nacht. Es schneit. Die Salatsetzlinge zugedeckt, weiss. Auf dem Balkonrand Nassschnee, zu Kugeln geformt würde er zur Waffe. Es schneit. Im Gras unter den Bäumen zeigt sich die Windrichtung. Südwest. Die Bäume, kahl, schützen mit ihren Ästen das Gras, die Form ihrer Krone zeichnet sich von stärker beschneiten Wiesenstücken ab. Kleine Inseln, runde, eierförmige, wie Engelsflügel. Auch Grossvaters tägliches Gehen über die Wiese hat Spuren hinterlassen. Sie heben sich ab vom grünlichen Wiesengrund, sie sind traumweiss zwischen stehendem Gras. Die Köpfe der beiden Aprilglocken im Garten hängen. Der Schnee bleischwer.

Grossvaters Engel III

Jeden Morgen eine Butterbrotschnitte. Grossvater beisst zu. Sein Alltag verrückt, und es schneit zur Unzeit. Die Ranunkeln, die gemästeten, wie Grossmutter sagt, tragen schwer an ihren kalten Köpfen. Werden die Blüten den Kälteeinbruch überleben, noch leuchten in den nächsten zwei Monaten, was eigentlich einem gelungenen Ranunkelblumenleben entsprechen würde? Vom Dach fällt Schnee in den Aprikosenbaum, den im Herbst frisch gepflanzten. Blütenexplosion letzte Woche. Und jetzt? Nassschnee in den Astgabeln, die Blüten erstarrt, wie aufgedunsen. Grossmutter sagt: Du musst den Baum versetzen. Grossvater befreit die Äste vom schweren Weiss. Grossvater weiss, auch Engel können nichts ausrichten, wenn Schnee fällt zur Unzeit.

Im Haus der Grosseltern

Zeitvertreib

Das Kind sitzt im Wohnzimmer der Grosseltern am Tisch und öffnet andächtig das Schächtelchen mit dem handgemachten Puzzle. Im Rücken das wuchtige Buffet, daneben das ebenholzschwarze Klavier, bedeckt mit Stapeln von Briefen. Zur rechten Hand Grossvaters Sofa vor dem stummen Fernseher, der Philodendron, in der Ecke der geöffnete Sekretär, aus dem die Grossmutter das Zusammensetzspiel hervorgeholt hat. Es ist still. Von der Strassenkreuzung gedämpfter Motorenlärm. Manchmal vibrieren die Scheiben, ein surrendes Anschwellen, das abrupt endet, wenn ein Lastwagen wieder anfährt, in einen höheren Gang schaltet. Mit flinken Fingern setzt das Kind das Puzzle zusammen und betrachtet lange das altertümliche Bildlein.

Aufgehoben

Manchmal schleicht sich das Kind davon, schliesst die Tür zum Estrich auf und steigt die Holztreppe hoch, die Luft riecht trocken, nach Staub und sonnenheissen Ziegeln.
Ein Spiegel, verhängt mit Leinen, dunkle Kleider, ein Rotfuchskragen, Schnürstiefel aus brüchigem Leder. Braune Schlittschuhe hängen an einem Nagel. In einer Bodenvase neben der Treppe ein Strauss Pfauenfedern, bläulichgrün schillern die Augen auf geheimnisdunklem Grund, wippende Pracht.
In schwarzer Bluse tanzt es vor dem Spiegel, fühlt sich aufgehoben in dieser fremden Welt.
Erst später, als Erwachsene, sieht es auf einer Fotografie Urgrossvater im Garten, bei Pfauen und Fasanen, und Urgrossmutter im hochgeschlossenen, schwarzen Kleid.

Das Schaufenster

Im Schaufenster des Sanitärgeschäfts der Grosseltern steht eine Badewanne, eine WC-Schüssel, ein Lavabo. Dazwischen liegen Mischbatterien und Armaturen, die wie amputierte Gliedmassen anmuten. Das Kind beginnt zu träumen, träumt sich in ein helles, freundliches Badezimmer. Das Ferienspiel hat begonnen. Das Kind räumt die Armaturen weg, hängt ein rotes Frotteetuch über den Wannenrand, stellt ein Blumensträusschen aufs Lavabo. Einladend soll es sein. Gehen Passanten auf dem Troittoir vorbei, versteckt sich das Kind hinter der Gardine. Später holt es Grossmutter, um ihr stolz sein Werk zu zeigen. Erbost rückt Grossmutter alles wieder hin, so wie es gewesen ist. Wehe, wenn Grossvater dahinterkommt.

Kuckuckszeit

Das Büro der Grosseltern ist ein Heiligtum: still und unantastbar. Rechnungsbücher verharren in den Regalen, Bleistifte stehen gespitzt im Bleistifthalter auf dem Schreibtisch neben Notizpapier und aufgeschlagener Agenda. Zuoberst auf dem grossen Schrägpult thront das schwarze Telefon. Das Heiligste aber hängt an der Wand hinter der Tür: die Uhr. Manchmal lässt sich Grossmutter durch Betteln erweichen und zieht die Uhr auf. Dann warten die Kinder andächtig, bis der grosse Zeiger kurz vor zwölf steht, bis im Innern der Uhr ein Rasseln das kommende Ereignis ankündet, das Türchen unter dem Giebel aufspringt, der kleine Vogel hervorschiesst und seinen Ruf ausstösst: Kuckuck.

Im Schlafzimmer der Grosseltern

Beeinander

An der Wand neben der Tür die Ehebetten dicht beieinander, beidseitig je ein Nachttischchen. Zwei Fenster über Eck mit Blick in den Garten. In der dunklen Ecke dazwischen die Waschkommode mit Spiegelaufsatz und Marmorabdeckung, in der Waschschüssel steht ein Krug ohne Wasser. Auf dem Sims vor dem Spiegel der Kamm und die weiche Bürste der Grossmutter, Haarnadeln, Brillantine, ein selten benutztes Parfümfläschchen. Davor ein Stuhl.
Gegenüber der Tür der Kleiderschrank, dreiteilig mit ovalem Spiegel in der Mitte. Rechts davor ein Taburett mit dem Kassenschrank des Grossvaters, bleischwer, mit dunkelgrünem Samttuch abgedeckt.
Ein Raum in der Erinnerung, die Zeit steht still.

Unzertrennlich

Die Ehebetten, eingezwängt zwischen zwei Nachttischchen, unzertrennlich. Auf der Waschkommode steht eine Waschschüssel, darin ein leerer Krug; die Grosseltern waschen sich im Badezimmer.
Sitzt Grossmutter auf dem Stuhl vor dem Spiegel, bürstet sie ihr dünnes, weisses Haar, flicht es zu einem Zopf und steckt ihn mit Haarnadeln zu einem Bürzi fest. Grossvater kämmt sich im Stehen, Brillantine benutzt er fast nie. Tagsüber betritt nur Grossmutter das Schlafzimmer. Mal holt sie ein Jackett aus dem Schrank, mal räumt sie Wäsche ein. Abends schliesst Grossmutter die Jalousien vor den Fenstern und später die Tür hinter sich, wenn sie beide zu Bett gehen.

Altholz   Elisabeth Hostettler

Säuberlich

Die Ehebetten, säuberlich zurechtgemacht, das weisse Leintuch über die braune Wolldecke geschlagen und seitlich unter die Matratze gestopft, darauf das dicke Kissen und das Federbett. Weder zerlegenes Bettzeug noch der Abdruck eines Kopfs auf dem Kissen zeugen vom nächtlichen Schlaf, die Grosseltern stehen früh auf.
In den Schubladen der Waschkommode hat Grossmutter die Unterwäsche verstaut, riesige Baumwollunterhosen, Unterhemden und Leibchen. Grossvaters Sonntagsanzug hängt im Schrank neben Grossmutters dunklen Röcken. Daneben, auf den Tablaren, Hemden und Blusen und die dicken, braunen Strümpfe. Geflickte und gestopfte für den Alltag, und solche ohne Löcher, für Arztbesuche oder wenn Grossmutter ein seltenes Mal ausgeht

Altertümlich

Auf der altertümlichen Waschkommode stehen die Waschschüssel und der Krug, Zeugen einer vergangenen Epoche. Die Sonne scheint durch die Vorhänge der Fenster. Im Stuhl vor dem Spiegel sitzen nacheinander die beiden Buben, während Grossmutter ihnen energisch die Haare kämmt. Rasch zieht sie mit dem Hornkamm einen Seitenscheitel, klebt die Locken mit Brillantine glatt zu den Ohren. Geduldig und gleichmütig lassen sich die zwei frisieren, ungeachtet des ekelhaften Geruchs, den die Brillantine verströmt. Zufrieden schraubt Grossmutter den Deckel auf die zerdrückte Tube, legt sie zurück auf den Marmorsims. Im Spiegel betrachtet sie ihre Enkel und freut sich über ihr ordentliches Aussehen.

Altholz   Elisabeth Hostettler

Jugendlich

Wenn Grossmutter an der Waschkommode sitzt und sich kämmt, stellt sich das kleine Mädchen vor den ovalen Schrankspiegel, dreht und beäugt sich, ergötzt sich ab seinen Grimassen und kokettiert im luftigen Sommerröckchen mit seinem Spiegelbild. Grossmutter schimpft es nachsichtig ein eitles Äffchen.
Weit zurück liegt die Zeit, da sie sich selbst prüfend im Spiegel betrachtet, sich zugelächelt und stolz über ihr offenes Haar gestrichen hatte, bevor sie es zu einem dicken Zopf flocht und hochsteckte. Nun, da sie alt ist, berührt sie ab und zu mit den Fingern die Runzeln ihres wettergebräunten Gesichts und erinnert sich an ihre jugendlichen Sommersprossen.

Unermesslich

Im Schlafzimmer der Grosseltern ist es ruhig und still. Alles hat seine Ordnung. Freitags nimmt Grossmutter das samtene Tuch vom Kassenschrank und schliesst ihn auf. Zahltag.
Ein unermesslicher Reichtum, zuunterst liegen sauber geordnet die Geldnoten, darüber die Räppler, die silbernen Fünfziger, die Fränkler, Zweifränkler und Fünfliber, aufgereiht in die dafür vorgesehenen Rillen des skalierten Münzrasters. Gewissenhaft zählt Grossmutter das Geld ab, zählt nach und füllt es in zuvor angeschriebene Papiersäckchen. Manchmal nimmt sie auch vier Einfränkler heraus, für jedes Enkelkind einen. Bevor sie den Arbeitern ihren Wochenlohn aushändigt, verschliesst Grossmutter den Kassenschrank wieder und legt sorgfältig die Samtdecke darüber.

Altholz   Elisabeth Hostettler

Erschreckend
Zeit und Möbel stehen still im Schlafzimmer der Grosseltern, halten erschrocken den Atem an, wenn jemand die Bühne betritt. Gebannt beobachtet das Grosskind die Erwachsenen. Grossmutter hat aus dem Kassenschrank Geld herausgenommen und will ihrer Tochter das Zugbillett bezahlen. Die Tochter weist das Geld mit grossen Handbewegungen und heftigen Worten zurück.
«Und du bist Zeuge», sagt sie zu ihrem Bruder, der unbeholfen danebensteht. Die Tochter legt das Geld zurück in den Kassenschrank. Wütend verlässt sie das Zimmer. Grossmutter streicht die Samtdecke glatt, schüttelt den Kopf und folgt.
Die Ehebetten und Nachttischchen, die Waschkommode, der Schrank und der Kassenschrank atmen auf.

Durchsichtig
Grossvater liegt im Schlafzimmer. Er ist vom Spital nach Hause gekommen. Sein strenges Gesicht ist durchsichtig geworden. Das Bett zu seiner Linken ist ordentlich gemacht, nichts zeugt von Grossmutters nächtlichem Schlaf. Manchmal ruft Grossvater mit schwacher Stimme «Idi», so hat er Grossmutter immer genannt. Grossmutter kommt, hält es nicht lange im Zimmer aus. Die Tochter bleibt am Bett ihres Vaters sitzen, während Grossmutter in der Wohnung umherwirkt. Wieder ruft Grossvater «Idi». Wieder eilt Grossmutter herbei, steht hilflos am Bett, hastet dann fort, um ihm Kamillentee mit Honig zu machen. Grossvater seufzt ein letztes Mal. Er wird ihn nicht mehr trinken.

Unverändert

Nach dem Tod des Grossvaters bleibt das Schlafzimmer fast unverändert. Nur seine Kleider sind aus dem Schrank verschwunden. Die Enkelinnen haben sich lauthals um die Barchenthemden gestritten. Tagsüber sind die beiden Ehebetten wie immer ordentlich gemacht, nichts zeugt von Grossvaters Abwesenheit. Die Grossmutter steht weiterhin jeden Morgen früh auf, öffnet Fenster und Läden und lüftet ihr Bettzeug. Sie wäscht sich im Badezimmer, kleidet sich an. Dann macht sie ihr Bett. Bevor sie das Zimmer verlässt, setzt sie sich vor die Waschkommode, kämmt ihr feines Haar, flicht es zu einem mageren Zöpfchen und steckt es mit den schwarz glänzenden Haarnadeln auf.

Echo der Stille

Stille

finde ich in der Kirche
in den Bergen meistens
am See wahrscheinlich
im Grab bestimmt

zu kaufen ist sie nicht
habe auf dem Markt und
im Einkaufszentrum gefragt
das Produkt Stille gibt es nicht

ich gehe in den Wald
bald umkurvt mich dort ein Biker
ein zweiter und ein dritter folgen
auch da keine Stille

die Reimwörter Grille, Brille,
Bazille, Sibylle lasse ich fahren
Metaphern kommen
im Wald auf der Lichtung daher

sie lauten für Stille dort
Moos, Stein und Käfer
Blume, Pilz, Farn und Ruine
andere Bilder

in Gedanken, Wörtern
Silben und Sätzen
finde ich täglich
beim Schreiben vielleicht

Kinderlos

Kinderwunsch. Kindersegen. Kindersorgen.
Kindsvater. Kindsmutter. Kindbett.
Kinderüberdruss. Kinderhast. Kinderhass.
Kindsnot, Kindstod, Kindsmord.
Kinderlos.

Die Mutter stirbt im Kindbett.
Das Kind schreit mutterlos.
Der Kindsvater in Not.
Da helfen keine Kinderlieder.
Kinderlos.

Das Kind stirbt im Schlaf.
Plötzlicher Kindstod.
Die Not ist gross: Kindergram.
Kein Kinderkram.
Kinderlos.

Die Mutter deckt das Kind fest zu.
Es stirbt im Kinderbett.
Die Mutter begräbt das tote Kind im Blumenbeet.
Kindsmord, kein Kinderhass.
Kinderlos.

Kinderverse im Kindergarten.
Die Kinderschuhe wollen nicht wachsen.
Kindsköpfe dürfen nicht wachsen.
Erwachsene trauern der Kindheit nach.
Kinderlos.

Kindergeburtstag am Kindergrab:
Weinen um das Kind.
Verloren, gestorben, erstickt.
Nie gelebt.
Kinderlos

Abendstille

Abendstille überall – dies alte Lied macht heute kaum noch Sinn. Wo gibt es stille Abende? Auf dem Land, weit weg von Strassen und Eisenbahnen? Auch dürfte kein Flughafen Nachbar sein. Kennt überhaupt noch jemand Nachtigallen und ihren Gesang? Klagend und leise schlage sie die Töne an, heisst es in dem Lied. Abendstille nirgendwo wäre korrekt. Statt zarter Melodien höre ich den Bus, der um die Kurve fährt, den Zug, der vorbei rauscht. Der Nachbar weiter unten an der Strasse kehrt mit seinem Motorrad von einem Ausflug zurück. Abendlärm und Nachtgeräusche. Kein Vogel weit und breit, nur die Fledermäuse sausen vorbei.

Sonntag

Heute ist es wieder einmal still, ganz still. Es ist Sonntag. Kein Laut ist zu hören, nicht einmal ein Husten. So still ist es in diesem Haus. Ich frage mich, ob überhaupt jemand hier wohnt, ausser mir. Wenn ich es nicht besser wüsste, würde ich glauben, ich sei allein in diesem Haus, in dieser Stille, an diesem Ort. Manchmal bin ich froh um diese Ruhe, doch heute leide ich darunter. Still, allein. Ich fühle mich einsam. Wenn doch bloss der blöde Köter vom Nachbarn bellen würde oder die dreibeinige Katze im Treppenhaus miauen. Aber heute ist es einfach nur still.

Krankenhaus

Ich
atme
im Leeren.
Ringsum Schwärze, Stille,
Herzschlag, wo
bin ich?
Die Zunge trocken, schwer und bitter.
Es dämmert – was war? – was ist? – wird sein?

Ich liege, ich atme, die Ohren
sind leer, die Augen verschüttet,
der Mund raspelwund
bis in die Lungen ätzend.
Es dämmert, es gibt ein Draussen,
dort
ist ein Fenster, ich
liege in Watte, Schatten
streifen zwischen den Lidern,
wie Krähen mit langen Schnäbeln.

Sie kommen und fliegen
lautlos ums Bett.
Ich schwebe zwischen Schattenstreifen,
atme von hier bis zum Fenster.
Ich lausche dem Pulsen, dürste
und falle.
Es dämmert, wird leise,
wird dunkel, ganz still.

Winterzauber

Ein Spaziergänger stapft durch den verschneiten Winterwald. Er ist auf dem Weg zum Wasserfall, dessen Rauschen man im Sommer von weitem hört. Doch jetzt ist alles still. Kein Rauschen, kein Ton, nur bei jedem Schritt das Knirschen des Schnees. Ab und zu fällt von einem wippenden Ast etwas Schnee dumpf ins winterliche Weiss. – Da, plötzlich staunt der Spaziergänger. Er hat die Stelle, wo der Wasserfall war, erreicht. Doch wie sieht der aus? Von zuoberst bis zuunterst zugefroren. Prächtige weiss-blau schimmernde Eiskaskaden, bizarre Türmchen, mächtige Eiszapfen mit gefährlichen Spitzen bilden ein Natur-Kunstwerk, wie ein Bildhauer es besser nicht hätte vollbringen können.

Zwei Wochen im Schweigen

Zwei Wochen im Schweigen. Ruth schaut mich entsetzt an.
«Das muss schrecklich sein», ruft sie.
«Nein, ganz und gar nicht. Ich finde es toll und faszinierend. Du glaubst nicht, wieviel ‚gesprochen' wird, wenn man schweigt. Aber das musst du selber erfahren, das kann ich dir schlecht erklären. Weisst du, wenn man schweigt, ist das nur äusserlich, aber innerlich purzeln ständig Gedanken im Kopf herum, etwas ‚redet' andauernd in uns. Ganz zu schweigen von den vielen Zeichen, die von den Mit-Schweigenden her kommen. Die Blicke, ein Lächeln, der Gesichtsausdruck, die Körperhaltung, die Bewegungen. Es ist ständig etwas los, wenn man schweigt.»

Ghöörsch's?*

D Antonia seit: «Du, mi dünkts,
si heig ds Mitternachtsglüt abgschteut –
i bi nid sicher – vilech bin i scho vorhär ygschlaafe.»

E paar Nächt losen i,
ghööre aber nüüt.
De wott i 's gnaau wüsse –
schta vor de Zwöufe a ds Fänschter –
u ghööre wider nüüt –
vilech han i 's verpasst … äuuä scho …

Ir nächschte Nacht schtan i wider a ds Fänschter –
lose hochkonzentriert –
lose i d Schtiuui – – – neei – – – wider nüüt – – –
Itz bin i aber z Grächtem iritiert;
bis es mer ändlech dämmeret:

O we du no so losisch u losisch,
's git nüüt z ghööre, we eifach nüüt tönt!

* Erschienen in wörterknistern, 2020, edition 8. Abdruck mit der freundlichen Genehmigung des Verlags.

Eine Handvoll

Eine Handvoll Stille
eine Millisekunde
ein Augenblick
ein Herzschlag
ein Atemzug
ein Moment
eine Minute
eine Stunde
ein Tag
ein Jahr
eine Ewigkeit.

        Eine Handvoll Stille,
        weniger als ein Brosame,
        mehr als ein Brot,
        eine Handvoll Stille,
        weniger als ein Tröpfchen,
        mehr als ein See,
        eine Handvoll Stille
        weniger als eine Ahnung,
        mehr als alles Wissen.

                Eine Handvoll Stille
                von der Dämmerung
                zum Tagesanbruch
                vom Traum ins Erwachen
                vom Gedanken zum Wort
                von der Frage zur Antwort
                vom Kuss zur Ohrfeige
                vom Krieg zum Frieden
                von der Erinnerung in den Schlaf
                vom Auslöschen der Flamme
                bis zum Verglimmen des Dochts.

Ein Netz für Träume

Ein Horn I

Es ist
es wird
es kommt
keine Geschichte
nur Zufall
im Alltag
in den Gedanken
ein Haufen Leben
angekratzte Augenblicke
und es reibt der Bleistift
am Mittelfinger
ganz vorne beim vordersten
Fingerglied
die harte Stelle bringt keine Raspel weg
der Knochen hat sich gewappnet
nach aussen einen Schutzknorpel gebildet
Hornhaut
oh Horn erblühe in mir
steige auf zur Spitze
lass mich Horn träumen
lass mich eintauchen in Hornschnipsel
ich will doch
Horn pflegen in mir
Spitze Waffe Ausstülpung
Horn das mich überleben wird
Horn das in der Nacht Mondenergie sammelt
Horn das am Tag den Himmel mit der Erde verbindet

Ein Horn II

Hornhaut Hornkraut Hornklee Hornstrauch
Hornmohn roter und gelber
im Garten blüht was wir nicht wachsen lassen
an den Füssen den Händen in uns
in den Köpfen wuchert Spott
ein Gehörnter entgeht ihm nicht
in der Medizin wird Hornhaut
zum Experimentierfeld:
Hornhautoperation anstatt Brille
Hornhaut das gebogene
Fenster der Augen
klar und transparent

unter dem Mikroskop nicht glasklar:
Bindegewebe und Epithelschicht
und Nerven und Lymphbahnen
ich will doch
Horn pflegen in mir
Schwung Getöse
Horn mit Mondenergie
Horn, das Himmel und Erde bindet
es wächst ein Horn
in mir
es stösst sich ab
durchbohrt die Haut
befreit sich selbst
aus mir

Schutz der Engel I

Schutzengel der Stadt erhöre
die Seufzer der Bewohner
die Wünsche der Kinder
die Sorgen der Mütter
schau herab vom Münster
lass dich nicht beirren von Strahlen
von Antennen Bildern im Äther schau
nur zu den Deinen
Schutzengel der Stadt erhöre
das Klagen der Pendler
das Stöhnen der Busfahrer
das Wimmern in Autokolonnen
behüte die Einsamen die Zweifler
die Verlassenen beschütze
den Bogen festige
den Stadtrand lass fliessen
vergessene Quellen der Geborgenheit
vergiss den Stadtbach nicht
dieser so rücksichtsvoll zischelt
bewahre ihn vor Taumelnden
Velofahrern und Schutzgittern

Pilgerin vergiss nicht
dem Schutzengel der Stadt zu huldigen
Ein Abbild steht im Münster

Schutz der Engel II

Der Schutzengel der Stadt steht
in der Apsis im Münster.
Er hat Schuppen, kommt aus der
Dämmerung, der Zwischenzeit.
Der Schutzengel hat die Hand des
Steinmetzes gelenkt, damals. Jetzt
sitzt er auf der alten Eiche vor der Brücke.
Er liebt Wasser, Schubertlieder, Kinder,
die Kieselsteine auf die Strasse werfen, vor seiner
Nase. Er schaut durchs Glas, wenn Alkis aus Flaschen
trinken, verdreht die Augen, wenn Jugendliche Spritzen
setzen. Er verkündet – nur so zum
Spass – ahnungslosen Bürgerinnen sein Wort.
Als Engel mit Fischschuppen tritt er dann aus
dem göttlichen Baum in sein Abbild zurück.
Der Schutzengel der Stadt plant eine Reise.

Es ist etwas Seltsames ...

... mit der Erinnerung. Bilder reihen sich aneinander, verschwinden und tauchen in anderer Form wieder auf. Neue Bilder schieben sich über die alten, Farben und Formen setzen sich neu zusammen wie bei einem Kaleidoskop. Manchmal fällt uns die Erinnerung ungestüm um den Hals, manchmal schleicht sie sich auf Samtpfoten an uns heran, ab und zu bringt sie uns zum Grübeln: Wie war das eigentlich damals? Oft braucht es nur wenig, ein trockenes Hüsteln, eine gebeugte Gestalt, einen fremdartigen und doch vertrauten Duft im Vorübergehen. Ist das nicht ...? Wir drehen uns um, versuchen, genauer hinzuschauen – aber schon ist's vorbei, schon ist's verweht.

Sanduhr

Immer weniger Sand im oberen Glas. Die Körner rieseln ohne Zögern durch die enge Stelle. Es ist, als beeilten sie sich umso mehr, je näher sie dem Ereignis sind. Als habe Ungeduld sie erfasst, so kurz vor dem Sturz. Ein kleiner Wirbel bildet sich. Sie fallen hinab ins untere Glas, auf den grossen Haufen. Der letzte Sand. Von der Spitze des Kegels rutschen noch ein paar einzelne Körner abwärts. Dann ist Ruhe. Bis jemand die Sanduhr dreht. Alles beginnt von vorne. Die Körner sind wieder oben und rieseln nach unten. Altes Ziel, neu definiert. Alles nur eine Frage der Zeit.

Wortlos

Wenn ich einmal alt bin
– wann bin ich alt? –
wenn ich einmal alt bin,
erinnert mich an meine eigenen Worte.

Wenn ich einmal alt bin
und Wort um Wort verliere,
helft mir Wörter zu finden,
Ersatzwörter, Sehnsuchtswörter, Ablenkungswörter.

Wenn ich einmal alt bin
und euch nicht mehr erkenne,
wenn ich eure Worte nicht mehr verstehe,
dann behaltet diese für euch.

Wenn ich einmal alt bin,
führt mich dorthin,
wo ich alt und wortlos sein darf,
auch wenn ich mich sträube.

Wenn ich einmal alt bin,
nehmt mich in die Arme.
Seid gewiss,
dass alles so ist, wie es sein muss.

Ein Netz für Träume — Elisabeth Hostettler

Zwischen

Eine Handbreit nur trennt sie vom Traum,
in dem sie eben noch sprach.
Nichts denken, still liegen.
Sich sinken lassen.
Verharren in der Dämmerung des Bewusstseins.
Warten, dass die Schleier
noch einmal sich lichten und
Traumfetzen freigeben,
an die sie sich später würde erinnern können.
Hoffen auf einen Faden, an dem sie sich halten
und zurückhangeln kann.

Die kleinste Bewegung,
der mindeste Gedanke reichen,
und der Vorhang fällt
im Bruchteil eines Herzschlags
vor die Traumwelt,
schwer und undurchlässig,
lässt sie endgültig aufwachen
im Saal der Wirklichkeit,
wo es einen Morgen und einen Abend gibt,
und alle Hände voll zu tun.

Baustellen überall

Auskundschaften

Reingehen, das Bild schiessen und verschwinden. Andri Jaberg drückt den Klingelknopf, er hört hinter der Tür Rascheln. Er erwartet eine alte Frau, er hat sie vom Waldrand aus gesehen, als sie auf dem Balkon einen Türvorleger ausgeschüttelt hat. Der Staub hat sich über die ganze Hausfassade ausgebreitet. Andri Jaberg bewegt den Kopf betont langsam nach rechts und nach links. Das Auge hinter dem Türgucker soll sich seiner Harmlosigkeit vergewissern.
Was wollen Sie, fragt das junge Mädchen, das öffnet und ihn neugierig anschaut. Ihre Nase ist von der einen Seite sehr viel grösser, meint es schnippisch. Ihr Profil ist im Ungleichgewicht.

Gegenlicht

Was wollen Sie?
Ja, was will der eigentlich hier im obersten Stock, bei fremden Leuten?
Ich will ein Foto schiessen, vom Wald.
Aber da sind sie zu spät dran, das gibt eine Gegenlichtaufnahme.
Er versucht, dem Mädchen zu erklären, dass er eine Woche im Wald gearbeitet hat und nun ein Übersichtsfoto braucht.
Gegenlicht hin oder her. Er habe eine Digitalkamera, er könne sie so einstellen, dass auf dem Bild etwas zu sehen sei.
Das will ich sehen, sagt das Mädchen und lässt ihn auf den Balkon.
Er braucht lange, bis er ein passables Foto vom zukünftigen Bauplatz der Hochhäuser hat.

Ein Netz für Träume

Pia Berla

Überdimensioniert

Bist du ein Spion?
Nein, ich bin nur Ausführender eines Grössenwahnsinnigen, der sich in den Kopf gesetzt hat, im Wald Wolkenkratzer zu bauen.
Dann bist du ein Fremder. Jeder weiss doch, dass im Wald nicht gebaut werden darf.
Ich sagte ja schon, es ist die Idee eines Spinners, aber er zahlt gut.
Dann bist du ein Arschloch. Was gibst du mir, dass ich dich reingelassen habe.
Ich werde dich verpetzen. Deine Grossmutter hat sicher keine Freude, dass du Fremde ins Haus gelassen hast.
Hier gibt es keine Grossmutter. Das Mädchen schubst ihn aus der Wohnung und schlägt die Wohnungstüre zu.

Vogelbrut

Das Rotschwänzchen kann seine Jungen nicht füttern. Bauarbeiter verputzen die Mauer mit Kalkschlamm. Das Rotschwänzchen hat sein Nest im Belüftungsloch des ehemaligen Kuhstalls gebaut. Dieses Loch in der Backsteinmauer wurde belassen und mit einem dicken Glas zur Wohnung hin verschlossen. Das Glas ermöglicht Aussicht auf die Vogelbrut. Dieses Potential wurde während des Umbaus erkannt. Bedenken gab es nur aus energetischen Gründen. Nun erschrecken Lupen-Augen, flachgedrückte Nasen, das Licht bei Dunkelheit die Jungtiere. In der Wohnung wird nach Feierabend fleissig gelesen, und zur Abwehr der Nachtgeister brennen Kerzen. Das Rotschwänzchen ist konfus und die Jungen picken den Beobachtern die Augen aus.

100 Wörter für die Katz

Ein Sprung, ein paar Mal im Kreis drehen, dann drei Kissen mit dem Milchtritt zurecht trampeln. Heraus gerissene Stofffäden markieren die vertraute Stelle.
Friedlich ruht die weisse Angorakatze inmitten bunter Kissen auf dem in die Jahre gekommenen Sofa. Der Bauch des flauschigen Tieres hebt und senkt sich in ruhigem Rhythmus, vereinzelt ein Schnarchen, gelegentlich ein Seufzer. Schnurren schwillt an und ab. Im Schlaf wischt die linke Vorderpfote über das linke Ohr, sinkt zurück. Manchmal öffnet sich ein grünes Auge nur einen Spalt breit, gleich darauf schliesst sich das Lid wieder über dem Augapfel. Zeit verstreicht unbemerkt im Atemrhythmus meiner Katze.

Morgenrot

Ich liege da und träume
von weichen Händen, die mich
liebkosen und behüten, mich
betten auf ein morgenrotes Luftkissen.

Eine Hand hält mich
sanft, nicht zurück,
im Wissen darum, dass
der Augenblick kostbar und
nichts mich zwingen kann,
zu bleiben oder wegzulaufen.

Ich träume eine Hand,
nur im Traum lebt sie.

Läge sie da
in Fleisch und Blut, nur sie,
verweste sie,
das Fleisch löste sich
zwergengrau von den Knochen,
den acht Handwurzelknochen –
dem Kahnbein, Mondbein, Dreiecksbein, Erbsenbein,
den beiden Vieleckbeinen, dem Kopf- und dem Hakenbein –,
den fünf Mittelhandknochen
und den vierzehn Fingerknochen.

Auf Morgenrot liege ich und träume.

Ein Netz für Träume   Elisabeth Hostettler

Wechseljahre I

Nach der heimlichen Hochzeit,
das Gerücht sprach sich herum,
ein übergangener Vater,
ein Fluch – lange nachher.

Ob ein Bub oder ein Mädchen
und wie sollte es heissen? –
Viele Namen später,
trotz des Fluchs.

Im Gebären heiser geschrien,
im Frühlingsgewitter, gegen den Fluch.
Die Amsel sang in der Birke –
später, immer wieder.

Nach den Schreistunden, den endlosen
Warum? Wieso?
Nach lauten Wortgefechten –
Viele zuschlagende Türen später.

Nach nicht aufhören wollender Scheidung
erneutes Liebesgeflüster.
Diesmal ein Bub, ohne Fluch –
nordische Namen später.

Nach Kinderfüssegetrappel, Wutstampfen,
Freudengeschrei und wüsten Endlosstreitereien,
schleichend aufziehende Eheschweigen,
zunehmend stillere Weihnachten –

Manche Weihnacht später.
Endlich Zeit,
meine Zeit.

Ein Netz für Träume   Elisabeth Hostettler

Wechseljahre II

Innehalten
bei anfallender Traurigkeit,
schwermüd und heisskalt,
bevor es arg wird

bevor die Wanderschmerzen
immer lauter anklopfen,
Finger und Zehen sich krümmen,
das Knie sich nicht mehr beugt.

Innehalten
jeden Monat, den roten Faden
selbstvergessen zwischen den Fingern drehen,
war es die Letzte?

Bevor die Macht schwindet,
Hindernisse unüberwindbar werden,
Körper und Geist auseinanderfallen,
Erinnerungen versickern und nichts übrig bleibt.

Innehalten und Luftholen
zum Lachen und Leben, ungezügelt
die treibende Kraft einschiessen lassen,
davon galoppieren

bis der Herzschlag stolpert
aus- und jäh wieder einsetzt
sich überschlägt
wie ein stockender Benzinmotor.

Hören,
wie Stille ist,
und träumen,
wie sie sein könnte.

So wie sie

So ne rote Hose wie sie eine hat
wollte ich auch schon lange
wieder haben
Nicht ganz so leuchtend
nicht ganz so eng
So ne schlanke Figur wie sie eine hat
wollt' ich auch schon
lange wieder haben
So nen schmalen Busen
möchte ich auch schon lange
wieder ...
So ein Blüschen gerüscht wie sie?
möchte ich ...
So ein runzelfreies Dekolleté?
möcht' ich ...
So ne barfüssige Geschichte in Turnschuhen?
möcht' ...

Oder möcht' ich lieber wieder
leichtfüssig gehen wie sie?
Mit glatten Häuten, ohne Kummerfurchen,
mit Unmengen Sorglosigkeit in der Tasche?
Und noch ohne Ahnung von schweren Ernten?

So ne rote Hose?

Ein Netz für Träume Susanne M. Neeracher-Frei

aaah! däääh! dä magi gar nöd

aaah! däääh!
magi gar nöd aaluege
nume sini songs ghöre

hingäge
so it wiiti luege
und sehnsüchtele
und döt sii wöle
wo die sind
joh gärn!
das würd mer passe

und sonen grosse fisch ha
und glück wie däh erläbe
oder
wänis dänn mögdi hebä
no es grössers glück
mit em fisch dezue
joh! jublet 's härz

sonä hübschi schabe
mit de rotä lippe
und de schlanke talie sii
wie si
und mit de vile chnöpf und hebel hantiere
und schnörre is radiomikrofon no dezue

aaah! das wäri hüt scho de hit für mi
und en alte traum würdi ändlech wohr!

Ewige Schreibgründe

Hommage an Virginia Woolf I

Wie ich mich durch Mrs. Dalloway mühe,
so wie Clarissa sich durchs Leben kämpft,
und während des Lesens
fortlaufend mein eigenes betrachte,
von innen und von aussen,
als sei es jener Diamant mit tausend Facetten,
die zusammenzuhalten so viel Kraft erfordert,
mit der Gefahr, mich darin zu verlieren,
oder an allem hängen zu bleiben;
ein ruheloses Fortschreiten und Innehalten, ohne Unterlass,
grad so, wie Virginias Sprache,
oder wie das Leben selbst,
das weder Anfang noch Ende hat,
denn Geburt und Tod zählen nicht eigentlich zum Leben,
nur was dazwischen ist,
was wie zwischen zwei Buchdeckeln eingeklemmt
regenbogenfarben davon sprudelt – unfassbar.

Hommage an Virginia Woolf II

Lesend mich verlieren
im unaufhaltsamen Wortfluss,
der im fliegenden Wechsel
aus Innensicht und Aussensicht
oder in Gedanken anderer Personen,
die Clarissas Leben bevölkern,
Momente streift, erhascht, bestaunt und loslässt,
und darüber sinnieren, wie auch ich,
mein zweiundfünfzigstes Jahr bald vollendet,
beim Anblick des Schattens eines Spinnennetzes
auf dem taunassen Dachfensterglas
mich an tausend Sachen gleichzeitig erinnere,
an Seidenspulen in Grossmutters Webstube
und filigranen Trachtensilberschmuck,
an die Geduld, die es braucht,
einer Nachtkerze beim Öffnen ihrer Blüten zuzuschauen,
an Sommermorgenfrische beim Wäschehängen,
an überschäumende Freude, mit der ich nicht weiss wohin,
an den Traum letzte Nacht, in dem mich Frauenhände
liebkosten.

Hommage an Meret Oppenheim

Verhallt ist das Rumpeln der Steinfrau,
als sie sich hingewälzt
aus dem Wasser,
an Land.

Lautlos genehmigt sich die Hornisse
ein déjeuner auf Rot.
Herr Hummel schreitet
gekränkt davon.

Schweigen als Tischtuch
über dem Goldköper Frau,
Nährendes Weib – verratene Göttin?
Essen zum Frühling ein sinnlicher Akt.

Chinesisches Gazellenfell
wärmt stummes Porzellan,
kalter Noblesse
verpflichtet.

Gefesselt die Schuhe,
Absatzkehrtwende erstickt im Manschettenzwang
unerhörte Seufzer aus der Kammer der Gouvernante
zerquetschen den Traum von Unabhängigkeit.

Entleert auch der schönste Vokal – husch.

Alles ist still, museumsstill,
wenn ich in ihren Bildern
und Träumen spaziere,
in den Ohren ein Beben wie ein dunkler Glockenklang.

Ewige Schreibgründe   Marlise Baur

Gedichte

Mit Gedichten auf den Markt gehen
welch absurde Idee
wo jeder Apfel im Korb
jeder Kürbis am Boden
jeder Blumenstrauss ein Gedicht ist
Wo die Sonne scheint
kein Zimmer uns einengt
Wo die Marktfrau freundlich Danke
und Auf Wiedersehn sagt
Gedichte auf den Markt tragen wozu

Gedichte klingen wie Musik
auch wenn sie den Weg ins Buch finden
tönen sie und sind wie Verwandte
von Kürbissen und Blumen
Erfahre ob ein Gedicht dich
aufnimmt in seine transparente Welt
Kauf das Buch und lies darin
Hör das Gedicht an, versuche es zu verstehen
Geh auf den Markt
es erwartet dich dort

Helden

Warum gehen die creative writing workshops immer von der Heldengeschichte aus? Bei fast jedem Schreibkurs, den ich bislang besuchte, war es so. Genau dies ist der Grund, warum ich solche «Literatur» nicht gern lese. Ich ahne wie der Verlauf sein wird, kenne die Geschichte von den ersten Sätzen an und habe keine Lust, mir die Mühe zu machen, weiterzulesen, weil es mir doch gar zu simpel ist. Brav nach Muster: Held und Widersacher, dann ein offenes Ende oder meinetwegen auch ein Happy End. Egal, zu schlicht und vorhersehbar. Gibt es nichts anderes? Wozu brauchen wir Helden? Kreativität verdient mehr Fantasie.

Wenn ein Zehner fällt

Als beim Öffnen der Arbeitsmappe ein Zehnräppler auf den Boden fällt, erschrickt sie. Etwas ist anders, jemand muss in der Wohnung gewesen sein. Nie lässt sie Geld herumliegen. Dann sieht sie die verschobenen Papierstapel. Ihre Ordnung ist durcheinandergebracht. Sie sucht den gestern ausgedruckten Text, und wo ist der Labtop? Weg, beides einfach weg. Niemand weiss, dass sie über das Verschwinden alleinstehender Frauen im Dorf recherchiert.
Als jemand an die Haustüre klopft, vergewissert sie sich hastig, dass der Memorystick in der Hosentasche ist, wie immer. Sie schnappt sich ihre Handtasche und flieht über den Hinterausgang. Hoffentlich hat sie den Text abgespeichert.

Ewige Schreibgründe — Verena Külling

Schreiben ist ...

... die grauen Zellen aus ihrer Trägheit aufrütteln.
Einfach mal etwas in den Raum stellen.
Nicht nur Kratzen an der Fassade.
Steine umdrehen, genau hinschauen, was darunter liegt.
Überlegen: Was wäre wenn?
Nicht nur erzählen, zeigen!
Inneres nach aussen wenden.
Sich in die Personen der Handlung und ihre Lebenssituation hineinversetzen.
Fragen, recherchieren, googeln.
Immer ein Notizbuch bei sich tragen.
Seelisch und geistig strippen.
Sich wundern, was dabei herauskommt.
Manchmal – bewusst oder unbewusst – von andern klauen.
Einsamkeiten ausloten.
Sternschnuppen pflücken.
Warten, bis die Muse küsst.
Weiterschreiben, auch wenn sie nicht küsst.
Überarbeiten, korrigieren, nochmals von vorn beginnen.
An Grenzen stossen, immer wieder.

Drabble

Jeden Tag will ich mit hundert Wörtern einen Moment beschreiben. Formulieren, was ist. Meinen Geist schulen. Meine Konzentration verbessern. Stimmungen erhellen. Heute ziehen Wolken über den Himmel. Die Terrakottaplatten der Terrasse speicherten die Wärme des Sommers. Wind kühlt meine Arme, die Füsse lieben den warmen Boden. Die Himbeeren riechen süss. Bisweilen – wenn der Wind frech durch die Büsche streicht – mischt sich Lavendel- oder Salbeiduft hinein. Geduldig lausche ich: den Glocken der nahen Kirche, den gurrenden Tauben auf dem Nachbarbalkon, den wenigen Autos, die auf der Strasse unten vorbei rauschen. Ich sehe der Rose beim Aufblühen zu und nasche drei Himbeeren.

Instant-Troubles

Sie schreckt aus dem Schlaf. Plötzlich ist ihr alles klar.
Schlafwandlerisch geht sie durch die Wohnung
und reisst alle Drabble-Erinnerungszettel ab.
Troubles hin – Drabbles her!
Sie könnte Tausende in der Wohnung aufkleben,
es nützte nichts. Sie will nicht «drabbeln».
Die Wortzahlanzeige am Computer zwänge sie,
Wörter zu manipulieren.
Texte köpfen und beschneiden, wozu denn das?
Es käme ihr vor wie tanzen wollen ohne Körper,
wie zwischen zwei Handläufen eingeklemmt
schöpferisch sein zu wollen,
wie Schmetterlinge an die Leine fest zu binden.
Stattdessen träumt sie von einer Performance.
Ein Klebezettel-100-Wort-Ereignis fabrizieren,
das würde ihr Spass machen.
Ein Zettel-Klebefestival in ihrem Atelier.

Autorinnen

Die Autorinnen

Die zehn Berner-Autorinnen Marlise Baur, Pia Berla, Regula Eckerle, Elisabeth Hostettler, Verena Külling, Susanne M. Neeracher-Frei, Adelheid Ohlig, Susanne Thomann, Ruth E. Weibel und Rosa Weiss gehören zum «Schreibtisch Bern» des Netzwerks schreibender Frauen femscript.ch. Als eine der ältesten Gruppen dieses Netzwerks arbeiten sie schon über 20 Jahre zusammen: An den monatlichen Schreibtischtreffen werden Texte gelesen, diskutiert, kritisiert und überarbeitet. Regelmässig wagen sie sich auch an unterschiedliche Projekte wie Lesungen, Literatur-Workshops, die Redaktion der Zeitschrift femSCRIPT und Buchpublikationen (zuletzt «wörterknistern», edition 8, 2020).

Marlise Baur (*1939 Olten). Lehrerinnenseminar in Aarau. Von 1961 bis 1966 wohnhaft in Paris. Mutter von drei Kindern. Nach der Rückkehr in die Schweiz Studium der Germanitik und Pädagogik in Bern. Mehrere Teilzeitstellen, so an der französischen Schule in Bern und an der Migros-Klubschule. Ab 1982 bis zur Pensionierung Sekretärin an der Phil.-hist. Fakultät. 2018 Wohnungswechsel von der Stadt aufs Land, nach Utzenstorf BE. Gedichte erschienen in verschiedenen Zeitschriften, 2019 das Gedichtbändchen «Weisser Falter» im Dendron-Verlag, Chabrey VD.

Pia Berla (*1950 Bern). Lehre als Buchhändlerin, Studium der Geografie. Natur und Landschaft sowie kulturelle Projekte sind zentral in ihrem Leben. Sie schreibt Kurzgeschichten und Gedichte. In Worten und Fotografien erkundet sie die Bedeutung alltäglicher Erscheinungen, das Aufblitzen von Unerwartetem, die Spannung zwischen Realem und dem dahinter verborgenen Unbekannten. Veröffentlichungen in verschiedenen Anthologien, unter anderem Kopf Hand Werk (2010), Snežanas Lied (2017), wörterknistern (2020).

Autorinnen

Regula Eckerle (*1962 Zürich). Aufgewachsen in der Stadt Zürich. Seminar und Pädagogische Hochschule Zürich, Studium Freiburg, angewandte Psychologie/Betriebswirtschaft, Berufs-und Laufbahnberatung. Nach langjährigem Ausdrucksmalen wandte sie sich dem Schreiben zu – kreatives Schreiben als beschrifteter Ausdruck der Seele nach dem Motto: Eindrücke müssen einen Ausdruck finden. Sie schreibt vor allem über politische, wirtschaftliche oder psychologische Themen.

Elisabeth Hostettler (*1963 Bern). Aufgewachsen im Seeland. Studium der Kunstgeschichte des Mittelalters, Urgeschichte und Medienwissenschaft. Arbeitet als Mediensprecherin in der Bundesverwaltung. Schreibt Kurzgeschichten am Abgrund, im Strudel, auf Zugfahrten, im Windschatten, beim Einkaufen, um Mitternacht, unter dem Apfelbaum. Tritt regelmässig an Lesungen von femscript.ch auf. Veröffentlichungen u.a. in den Anthologien Alle Mädchen wollen Maria sein (2003), Kopf Hand Werk (2010) und wörterknistern (2020).

Verena Külling (* 1938 Bern). Nach ihrer abgeschlossenen Lehre als Buchhändlerin war sie in verschiedenen Firmen als Chefsekretärin tätig, zuletzt im Inselspital Bern. Während der Zeit ihrer Anstellung in einer Berner Werbeagentur hatte sie die Möglichkeit, sich intensiv mit dem Texten zu befassen. Ihre Liebe zur Musik und zum geschriebenen und gesprochenen Wort konnte sie nur in ihren Hobbies ausleben – in Form von Gesangs- und Schauspielunterricht. Als Mitfrau des Netzwerks schreibender Frauen war sie lange im Schreibtisch Bern aktiv und trat regelmässig an Lesungen auf. Veröffentlichungen u.a. in der Anthologie Herbstzeitlose Geschichten (Verlag Schlaefli & Maurer AG, 2000) und Nahsicht (2010) der Autorengruppe PONT NEUF.

Autorinnnen

Susanne M. Neeracher-Frei (*1943 Lima). Aufgewachsen in Lima, wandert 1959 nach Brasilien aus. Seit 1968 in der Schweiz. Mutter, Kauffrau, Übersetzerin, Malerin und Bildhauerin mit ausgedehnter Ausstellungstätigkeit. Zusätzliche Ausbildungen in Psycho- und Körpertherapien, Clownausbildung, Kreativschreibkurse und eine zweijährige Autorenausbildung in Berlin. Seit 1985 verknüpft sie bildende Kunst mit Texten. Schreibt: Lyrik, Kurzgeschichten, Gedichte, Drabbles und Clowntheaterstücke.

Adelheid Ohlig (*1945 Frankfurt a.M/D). Aufgewachsen auf dem Land, Studium Linguistik und Publizistik in Deutschland und Österreich, Journalistin bei Nachrichtenagenturen in Europa und Asien, Yoga-Lernende seit 1966, Yoga-Lehrende seit 1982, wohin man sie einlädt, Autorin von Yogabüchern und CDs, Dolmetscherin auf ethnomedizinischen und psychotherapeutischen Kongressen, Übersetzerin englischer Sachbücher.

Susanne Thomann (*1955 Zürich). Aufgewachsen in einer ländlichen Gemeinde im Aargau, heute wohnhaft im Kanton Freiburg. Studium der Musikwissenschaft und Linguistik, Journalistin bei Tageszeitungen und Fachzeitschriften, zuletzt im Projektmanagement unterwegs. Seit 2014 freiberuflich als Lektorin, Texterin und Autorin tätig. Schreibend auf den Spuren menschlicher Schicksale und den Herausforderungen des Zusammenlebens. Publikationen: Zwei Romane (Limmatschäumchen, Steinbrech, 1996; Das Rauschen des Raumes, edition8, 2002). Daneben zahlreiche Geschichten und Texte in Anthologien und Zeitschriften.

Autorinnen

Ruth E. Weibel (*1956 Bern). Aufgewachsen in Orpund und Ostermundigen. Als Jugendliche in die Musik eingestiegen mit Violine, später Gesang, Klavier, Viola und Gitarre. Eigene Lieder zur Gitarre. Arrangements für Viola und Violoncello. Choreografische und bühnenbildnerische Einsätze. Diplom in Klinischer Heilpädagogik, Lehrdiplom für Gesang, Diplom als Zen Shiatsu Practitioner, diverse Lehrtätigkeiten und Brotjobs. Sprecherin, Sprechcoach, Textbearbeiterin, -korrektorin, -schreiberin.

Rosa Weiss (*1957 Thun). Eine Geschichte auf doyoueatart.ch: Schreiben, als würde man malen und malen, als würde man schreiben. 1973 HKB: Bilder entstehen im Kopf, auf Papier. 1978 Seminar Spiez: Unterrichten für Brot. 1981 Freischaffend: Einzel- und Gruppenausstellungen. 1991 bis heute: Aufbau des Projekts Seminar & Kultur. Rauminstallationen, Texte, Reden, Eat Art. 1992 Humanistische Kunsttherapie IHK: Atelier für Supervision. 2017 Schreiben bei Doris Dörrie.